INTRO
Deutsch als Zweitsprache

Kursbuch
Zur Vorbereitung auf den Regelunterricht der Sekundarstufe

Herausgeberinnen
Gabriele Kniffka, Birgit Neuer

Autor/innen

Tülay Altun
Laura Bollmann
Damaris Borowski
Sieglinde Eberhart
Beate Frenzel
Petra Gretsch
Katrin Günther
Inga Harren
Marcel Hinderer

Gabriele Kniffka
Gülşah Mavruk
Birgit Neuer
Kristina Peuschel
Jacqueline Rommel
Laura Rudolphi
Marianne Schöler
Mona Teusch
Zita van Wylick

Mitwirkende Audio-CD
Sprecher/innen: Ilayda Alhan, Mert Alhan, Jens Bernewitz, Lia Bernewitz, Quillen Chavez, Katrin Decker, Lukas Döbbeler, Sieglinde Eberhart, Natascha Fechner, Eva Gullvag, Marcel Hinderer, Tatiana Ilchenko, Kira Juhrhandt, Abed Karaman, Birgit Kindler, Valerian Kleta, Levin Kramer, Sion Kramer, Claire Kunze, Issra Ben Mansour, Laetitia Mazzotti, Mark Moseley, Tanja Niehoff, Eric Pina, Monica Rusu, Andree Solvik, Chris Thompson, Michael Westphal, Guido Zimmermann
Aufnahmeleitung: Jens Bernewitz, Thomas Darscheid

Beraten durch:
Claudia Benholz †
Hannelore Müller
ZfA – Zentralstelle für das Auslandsschulwesen (Ulrich Dronske)

westermann GRUPPE

© 2017 Bildungshaus Schulbuchverlage
Westermann Schroedel Diesterweg Schöningh Winklers GmbH, Braunschweig
www.schroedel.de

Druck A^1 / Jahr 2017
Alle Drucke der Serie A sind im Unterricht parallel verwendbar.

Redaktion: Laura Henrici
Redaktionsassistenz: Katharina Bonin
Illustrationen: Matthias Berghahn, Yaroslav Schwarzstein
Umschlaggestaltung: LIO Design GmbH
Layout: Ungermeyer, Rosemeyer + Unger GbR
Druck und Bindung: westermann druck GmbH, Braunschweig

ISBN 978-3-507-**41427**-9

Das Lehrwerk INTRO Deutsch als Zweitsprache

Das Lehrwerk INTRO Deusch als Zweitsprache ist speziell für den DaZ-Unterricht in Sprachlernklassen konzipiert. Es richtet sich an Schülerinnen und Schüler der Sekundarstufe I ohne oder mit geringen Deutschkenntnissen und führt sie innerhalb von einem Schuljahr zum Niveau B1 (GER).

Mithilfe von INTRO Deutsch als Zweitsprache werden Seiteneinsteiger/innen ins deutsche Schulsystem optimal auf die Teilnahme am Regelunterricht der Sekundarstufe vorbereitet. Unter konsequenter Berücksichtigung der künftigen Schülerrolle wird ein fachorientierter Sprachunterricht verfolgt. Nach dem Prinzip der Handlungsorientierung arbeiten die Schülerinnen und Schüler von Beginn an an fachlich relevanten Themen und werden auf fach- und bildungssprachliche Sprachhandlungen, Formulierungen und Strukturen vorbereitet. Das Prinzip des Scaffoldings unterstützt die Schülerinnen und Schüler bei der Bewältigung der Aufgaben und ermöglicht es allen Lernenden, von Beginn an sprachlich aktiv zu werden.

Mit INTRO Deutsch als Zweitsprache werden intensiv die Fertigkeiten Hören, Lesen, Schreiben, Sprechen sowie Sprachmittlung gefördert. Die dem Kursbuch beiliegende Audio-CD bietet vielseitiges Material für Hörverstehensübungen und für Übungen zur Phonetik.

Partner- und Gruppenarbeiten sowie die Projektarbeit steigern die sozialen Kompetenzen der Jugendlichen und garantieren einen hohen Sprechanteil. Zudem bereiten die Methoden und Aufgabentypen von INTRO DaZ auf das autonome Lernen im Regelunterricht in Deutschland vor. Interkulturelle Aufgaben schaffen die Möglichkeit, Vorkenntnisse und Erfahrungen aus den Herkunftsländern der Jugendlichen in den Unterricht einzubringen und diese mit dem Leben in Deutschland zu kontrastieren.

Weitere Bestandteile der Lehrwerksreihe

Neun Arbeitshefte, welche jeweils zwei Themen des Kursbuches auf drei Niveaus (A1, A2, B1) aufgreifen, ermöglichen das binnendifferenzierende Arbeiten, wie es in heterogenen Gruppen in Sprachlernklassen oft erforderlich ist. Ein Quereinstieg für neue Schülerinnen und Schüler während des Schuljahres ist jederzeit problemlos möglich.

Ein Alphabetisierungsband, der thematisch auf das Kursbuch abgestimmt ist, dient dem Zweitschrifterwerb von Schülerinnen und Schülern, die noch nicht in der lateinischen Schrift alphabetisiert sind. Er bereitet zudem durch Aufgabentypen und Thematik auf die Arbeit mit dem Kursbuch vor.

Außerdem kann das Kursbuch durch die BiBox (Bildungsbox für Lehrer und Schüler) ergänzt werden, die zahlreiche zusätzliche Materialien sowie didaktische Hinweise für die Lehrkraft bereithält.

Viel Spaß und Erfolg beim Arbeiten mit INTRO Deutsch als Zweitsprache!

Liebe Schülerin, lieber Schüler,

vor dir liegt das Kursbuch INTRO Deutsch als Zweitsprache. In sieben Kapiteln hilft es dir dabei, Deutsch zu lernen. Du erwirbst Wortschatz und Grammatik der deutschen Sprache und trainierst die Fertigkeiten Sprechen, Hören, Lesen und Schreiben.

Außerdem bereitet dich INTRO Deutsch als Zweitsprache darauf vor, am regulären Schulunterricht in Deutschland teilzunehmen. Du lernst zum Beispiel, wie du in Fächern wie Geografie, Biologie, Politik oder Deutsch recherchierst, mit Karten umgehst, Statistiken und Grafiken beschreibst oder eine Buchvostellung hältst. Du übst auch, wie du Ergebnisse formulieren und präsentieren kannst.

EINSTIEG

Hier erfährst du, worum es in diesem Kapitel geht. Die Bilder und Hörbeispiele geben dir einen ersten Einblick ins Thema.

ERARBEITUNG

In der Erarbeitungsphase lernst du viel Neues zum Thema des Kapitels und trainierst Sprechen, Hören, Lesen, Schreiben, Grammatik und Wortschatz. Die Aufgaben und Aktivitäten bereiten dich sprachlich und methodisch auf den Fachunterricht vor.

BLICK IN DEN FACHUNTERRICHT

Mithilfe einer Seite aus einem echten Schulbuch für den Regelunterricht kannst du üben, wie man im Fachunterricht arbeitet. Damit es dir leichter fällt, die Seite zu bearbeiten, findest du am Rand Hilfestellungen.

PROJEKT

Beim Projekt kannst du selbst aktiv werden und das Gelernte anwenden. Hier arbeiten alle zusammen, um ein Ergebnis zu erzielen.

GRAMMATIK UND WORTSCHATZ

Auf der letzten Doppelseite gibt es eine Zusammen-
fassung von Grammatik und Wortschatz aus dem
Kapitel. So siehst du noch einmal alles Wichtige im
Überblick.

Du kannst aber auch im Grammatikanhang am
Ende des Buches nachschauen, wenn du mehr zur
Grammatik wissen möchtest.

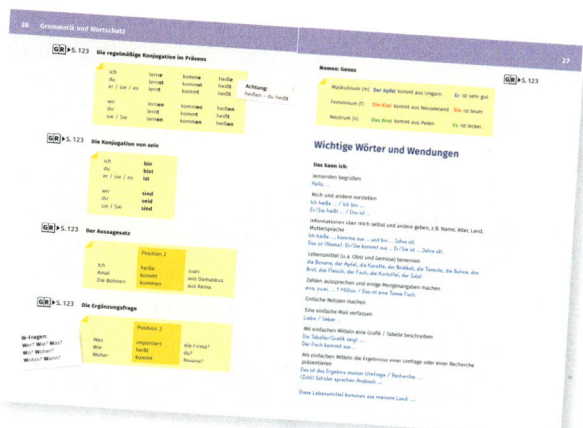

Das bedeuten die Symbole

▶ auf Folie schreiben		Lege eine Folie über die Seite und beschreibe sie mit einem abwaschbaren Stift.
▶ ins Heft schreiben		Schreibe die Ergebnisse in dein Heft.
▤ ▶ lesen		Hier gibt es etwas zu lesen.
1+2= ▶ rechnen		Berechne etwas. Hier geht es um Mathematik.
👁 ▶ anschauen		Schau dir die Bilder, Grafiken oder Karten an.
👂 ▶ hören		Höre zu. Mit diesen Aufgaben trainierst du dein Hörverstehen.
▬ Phonetik		Mithilfe der Phonetikaufgaben kannst du deine Aussprache verbessern.
💬 ▶ sprechen		Bei diesen Aufgaben übst du, zu sprechen. Du tauschst dich mit einem Partner oder in der Gruppe aus, ihr sprecht in der ganzen Klasse, oder du präsentierst etwas.
🌐 ▶ sprechen international		Hier sind alle Sprachen erlaubt. Du kannst die Aufgabe ruhig in deiner Muttersprache bearbeiten.
🚩A ▶ Aktivität		Hier werdet ihr bei einem Spiel, bei einer Rechercheaufgabe oder Ähnlichem aktiv.
🧍🧍 ▶ Partnerarbeit		Bearbeite die Aufgabe mit einem Partner/ einer Partnerin.
🧍🧍🧍 ▶ Gruppenarbeit		Bearbeitet die Aufgabe in einer Gruppe.

Tipp
Die hellgrauen Kästen geben Tipps, die dir beim Lösen der Aufgabe oder beim Deutschlernen generell helfen.

REDEMITTELKASTEN
Die Redemittelkästen geben Ausdrücke oder Formulierungen vor, die für bestimmte Sprachhandlungen wichtig sind und die dir beim Bearbeiten der Aufgaben helfen können.

GRAMMATIKKASTEN
Im Grammatikkasten findest du die Grammatik, die in diesem Abschnitt wichtig ist. Achte besonders auf die fettgedruckten Wörter oder Buchstaben.

Viel Spaß beim Deutschlernen mit INTRO Deutsch als Zweitsprache!

Grammatik	Phonetik	Seite

Grammatik	Phonetik	Seite

Grammatik	Phonetik	Seite

1 Willkommen – Deutschland international

Herzlich willkommen!

Soo dhawaada

أهلاً وسهلاً

Hoş geldiniz!

▶ **1 Schau dir das Bild an: Welche Länder findest du?**

China

...

▶ 1.01 ▶ **2 Höre zu: Welche Sprachen hörst du?**

Russisch

...

ⓘ ▶ **In diesem Kapitel lernst du:**

▶ wie du dich und andere vorstellst
▶ zählen und buchstabieren
▶ einfache Anzeigen und E-Mails schreiben
▶ über Lebensmittel aus verschiedenen Ländern sprechen
▶ einfache Grafiken und Tabellen lesen

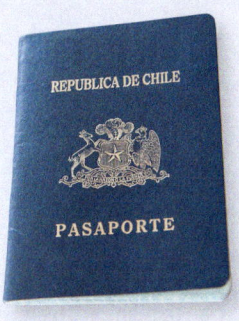

Bienvenue!

Добро пожаловать

Fahim, 48, Afghanistan, Muttersprache: Pashtu

Amira, 25, Syrien, Muttersprache: Arabisch

Mehret, 12, Eritrea, Muttersprache: Tigrinya

Serdju, 17, Deutschland, Muttersprache: Romanes

Roxana, 16, Chile, Muttersprache: Spanisch

Dimitrij, 15, Russland, Muttersprache: Russisch

Esma, 17, Deutschland, Muttersprachen: Deutsch und Türkisch

Olufemi, 10, Nigeria, Muttersprache: Yoruba

Hallo, ich heiße …

 ▶ 1.02   ▶ **1 In der neuen Klasse: Woher kommen die Schülerinnen und Schüler?**
a Höre zu. Ergänze die Information.

Hosnia   *Adriano*   *Ahmet*   *Isra*   *Monica*   *Quillen*
Afghanistan   _____   _____   _____   _____   _____

  ▶ **b Stelle dich vor – auf Deutsch und in deiner Sprache.**

Hallo, ich heiße ….   Ich komme aus …

Phonetik: Wort- und Satzakzent

    ▶ 1.03   ▶ **2 a Höre auf den Rhythmus. Eine Silbe ist stärker betont.**
Höre beim ersten Mal nur zu. Wiederhole beim zweiten Mal.

 ▶ 1.04   ▶ **b Jetzt hörst du ganze Sätze, erst gebrummt, dann gesprochen.**
Höre zu und wiederhole.

  ▶ **3 a Schau dir die Fotos an und lies die Texte.**

Ich heiße Anna.
Ich bin 14 Jahre alt. Ich
komme aus Russland.

Ich heiße Juan.
Ich bin 16. Ich komme
aus Kolumbien.

Ich heiße Jala.
Ich bin 11 Jahre alt. Ich
komme aus Somalia.

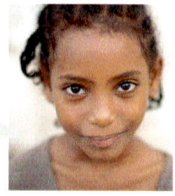

Ich heiße Vasili. Ich
bin 12. Ich komme aus
Griechenland.

   ▶ **b Fragt euch gegenseitig.**

Woher kommt Anna? – Anna kommt aus …
Wie alt ist Anna? – Anna ist 14 Jahre alt.

c Mache einen kleinen Steckbrief von dir. ◀

Steckbrief
Name: _____
Alter: _____
Land: _____
Muttersprache: _____

> Woher **kommt** Hosnia?
>
> Hosnia **kommt** aus Afghanistan.

4 Unsere Klasse: Eine Fotocollage
Bringt ein Foto und euren Steckbrief mit. Macht ein Klassenporträt.
Stellt eine Person aus der Klasse vor. ◀ A

> Das ist ...
> Er/sie kommt
> aus ... und ist ... Jahre
> alt.

> ich heiß-**e**   er/sie heiß-**t**
> ich komm-**e**   er/sie komm-**t**
> ich **bin**   er/sie **ist**

5 Hört den Zahlen-Rap und sprecht mit.
Bildet zwei Gruppen und sprecht im Wechsel. ◀   ▶ 1.05

Eins, zwei, drei.   Eins, zwei, drei, vier, fünf.

Sechs, sieben, acht.   Sechs, sieben, acht, neun, zehn.

Elf, zwölf, dreizehn.   Vierzehn, fünfzehn, sechzehn.

Sechszehn, siebzehn.   Siebzehn, achtzehn.

Achtzehn, neunzehn.   Neunzehn, zwanzig.

Wir sind zwanzig.   Wir sind zwanzig.

Wir sind zwanzig in der Klasse!

Marcel Hinderer

> **Hinweis:**
> Einen Überblick zu den
> Zahlen von 1 – 100
> findest du auf S. 184.

Wie schreibt man das? –
Namen international

1 Im Radio... ▶ 1.06

a **Du hörst einen Ausschnitt aus einer Radiosendung für junge Leute. Höre zu und beantworte die Fragen.**

- · Wie heißt der Anrufer?
- · Wie alt ist er?
- · Woher kommt er?
- · Welche Sprachen spricht er?

b **Höre den Text noch einmal und ergänze den Lückentext. Schreibe in dein Heft.**

_____ kommt aus _____. Er ist _____ Jahre alt. Er spricht _____ und _____. Er gewinnt _____ Tickets für ein Fußballspiel.

2 **Wie schreibt man das?**
Schau dir das Bild an und lies den Dialog.

3 Hört das ABC-Gedicht und sprecht mit.
Hört beim ersten Mal nur zu. Sprecht beim zweiten Mal mit.

Aa Bb Cc Dd Ee — Klingt wie ABC.de.

Ff Gg Hh Ii Jj Kk Ll — Lernen geht ganz schnell.

Mm Nn Oo Pp Qq — Es lernen ich und du.

Rr Ss Tt Uu Vv — Ganz genau.

Ww Xx Yy und Zz — Alphabet komplett!

Marcel Hinderer

4 Ein Spiel: Die Lehrerin / der Lehrer gibt euch eine Visitenkarte.
Merkt euch den Namen. Fragt euch gegenseitig und notiert die
Namen.

Wie heißt du?
Wie schreibt man das? Buchstabiere.

Meyer Touristik
Hermann Meyer
Tel.: 0261/387448
E-Mail: meyer@meyertouristik.de

ich komm-**e**	du komm-**st**	er komm-**t**
ich heiß-**e**	du heiß-**t**	er heiß-**t**
ich **bin**	du **bist**	er **ist**

5 Schriftsteller und Schriftstellerinnen international
  a Schau dir die Namen und die Bilder an. Wer ist wer?

1 2 3 4 5 6 7 8

Nguyên Huy Thiêp (*1950, Vietnam)

Hwang Sok-yong (*1943, Südkorea)

Kertész Imre (1929-2016, Ungarn)

Aḥlām Mustaġānamī (*1953, Algerien)

Chinụalụmọgụ Achebe (1930-2013, Nigeria)

Yüksel Pazarkaya (*1940, Türkei)

Gabriela Mistral (1889-1957, Chile)

Zoë Jenny (*1974, Schweiz)

Beispiel: Nr. 7 ist Gabriela Mistral.

b Was ist der Vorname? Was ist der (Familien-)Name?

Beispiel: Gabriela ist der Vorname. Mistral ist der Familienname.

6 Namen in deinem Land
  Wie heißen Menschen in deinem Land? Finde Beispiele und zeige,
  wie man die Namen ordnet.

Beispiel: Simona   Maria   Keller
            1. Vorname   2. Vorname   Familienname

Lernpartner gesucht!

1 a Lies die Texte, die am Schwarzen Brett stehen.

Hallo, ich bin Jan. Ich bin 13 Jahre alt und komme aus Deutschland.
Ich lerne gerade Russisch. Wer kann mir helfen?
SMS an 0157 233 9901, oder Mail: jankruger@web.de

Gabriela, 12, aus Argentinien: Ich möchte schnell Deutsch lernen.
Ich kann dir in Spanisch helfen.
Telefon: 0177 608 5342. Oder schreibe eine Mail an: ela@posteo.de.

Ich fahre im Urlaub nach Ägypten und möchte ein bisschen Arabisch lernen.
Wer hat Lust, mit mir zu arbeiten? Dennis, 17 Jahre.
Mail: dennis.mueller@gmx.net

Anna, 16 Jahre – ich gehe mit dem AFS-Programm nach Südafrika.
Aber mein Englisch ist noch nicht so gut. Wer hilft mir?
02206-4770. Mail: annaboll@yahoo.de

b Du willst einer Schülerin / einem Schüler helfen.
Notiere die wichtigsten Informationen.

Name: _____
Alter: _____
Muttersprache: _____
Lern-Sprache: _____
Kontakt: _____

c Schreibe eine Mail. Schreibe in dein Heft.

Liebe _____ / lieber_____,

ich habe deine Anzeige gelesen und kann helfen.
Ich heiße _____ ....

2 Eine Anzeige schreiben
Du suchst einen Lernpartner / eine Lernpartnerin für Deutsch.
Schreibe eine Anzeige für das Info-Brett an eurer Schule.

Waren aus aller Welt

▶ **1 Schau dir die Sachen aus dem Supermarkt an. Woher kommen sie?**

Beispiel: Die Mangos kommen aus Burkina Faso.

Die Bananen …	Die Rosen …	Die Tomaten …
Die Orangen …	Die Chutneys …	Die Oliven …

Phonetik: Wortakzent

▶ 1.08 ▶ **2 a Höre auf den Rhythmus. Welche Silbe ist stärker betont? Lege für jedes Wort den Rhythmus mit drei Münzen.**

Beispiel:

▶ 1.09 ▶ **b Du hörst zwei Wörter. Sprich danach den Satz mit diesen zwei Wörtern.**

▶ **3 Eine Statistik: Lebensmittel aus aller Welt**
    a Lies die Tabelle.

Diese Lebensmittel kommen mit dem Flugzeug nach Deutschland.

Lebensmittel	Woher?
Obst Ananas, Mangos, Papayas, Kiwis	Kenia, Ghana, Ägypten, Kamerun, Kanada, Brasilien, Chile, Indien
Gemüse Salat, frische Erbsen, Linsen, Soja	Kenia, Senegal, Kamerun, Tansania, Guatemala, Peru, Thailand
Fleisch Rindfleisch, Hühnerfleisch, Lammfleisch, Bisonfleisch …	Argentinien, Brasilien, Australien, Neuseeland, Kanada, Thailand
Fisch Victoriabarsch, Hummer, Thunfisch, Lachs, ….	Kenia, Senegal, Südafrika, USA, Kanada, Brasilien, Chile, Sri Lanka, Singapur

Quelle: Verbraucherzentralen 2010.

b Fragt euch gegenseitig. Betont in der Frage den Ort, in der Antwort das Lebensmittel.

Beispiel: Was kommt aus **Singapur**? – Aus Singapur kommt **Fisch**.

4 In einem Betrieb für Tiefkühlkost

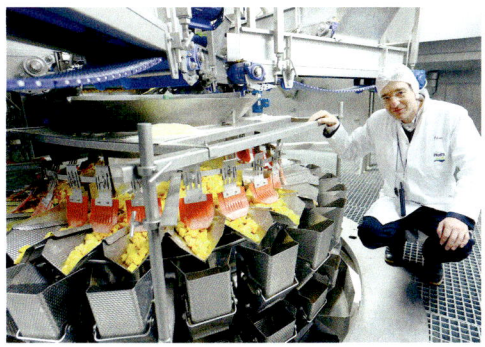 

a Die Firma Frosta produziert fertige Lebensmittel. Das Gemüse importiert sie aus aller Welt. Höre das Interview und mache dir Notizen. 1.10

Der Brokkoli...

Die Karotten...

Die Bohnen...

Die Kidney-Bohnen...

Der Mais...

Die Kartoffeln...

Die Tomaten...

b Berichte.

Der Brokkoli kommt aus Ecuador.
Die Karotten kommen aus ...

c Lieferanten für Frosta
Fasse ein paar Informationen zusammen:

· Was importiert die Firma aus Ungarn?
· Was kommt aus Deutschland?

Frosta importiert ... und ... aus Ungarn.
... und ... kommen aus Deutschland.

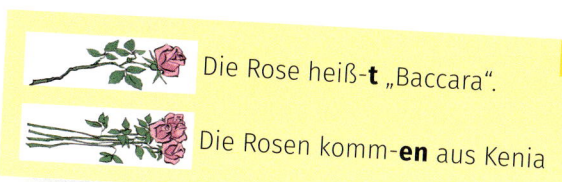

Die Rose heiß-**t** „Baccara".
Die Rosen komm-**en** aus Kenia

▶ **5 a Schau dir die Grafik an. Sie gibt Informationen über Lebensmittel, die aus China kommen.**

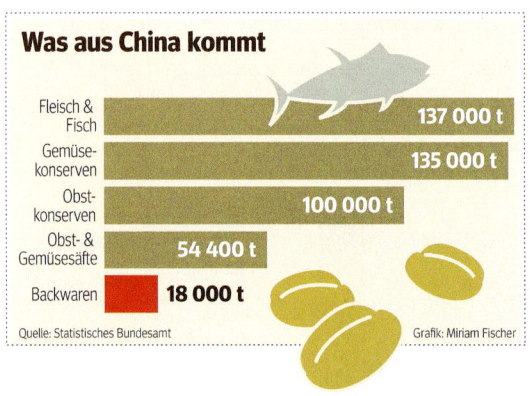

Große Zahlen

100	(ein)hundert
1 000	(ein)tausend
10 000	zehntausend
100 000	(ein)hunderttausend
1 000 000	eine Million
207	zweihundertsieben
4 285	viertausendzweihundertfünfundachtzig
76 146	sechsundsiebzigtausendeinhundertsechsundvierzig
307 953	dreihundertsiebentausendneunhundertdreiundfünfzig
5 216 681	fünfmillionenzweihundertsechzehntausendsechshunderteinundachtzig

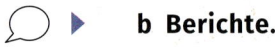 ▶ **b Berichte.**

Aus China kommen … Tonnen (Name Lebensmittel).
…

 ▶ **c Schreibe die Informationen nun in dein Heft.**

▶ **6 Lebensmittel aus meinem Land in Deutschland.**
  a Recherchiere im Internet. Was kommt aus deinem Land?

  b Berichte in der Klasse.

  Das kommt aus (mein Land): …

  c Macht eine Übersicht der Ergebnisse der Klasse.

Nachdenken über Sprache

„Apfel" in vielen Sprachen
Diese Postkarte kommt aus einer Kölner Schule für Grafik- und Objektdesign.
Ein Schüler, Gunnar Ronge, hat sie gemacht.

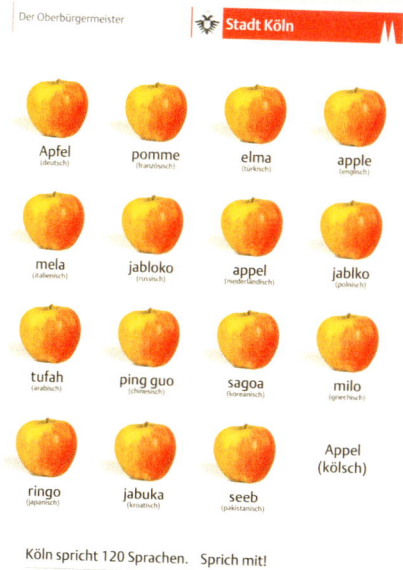

der Apfel / er — Maskulinum (m)
die Tomate / sie — Feminininum (f)
das Fleisch / es — Neutrum (n)

1 a Schau dir die Postkarte genau an. Welche Wörter sind ähnlich?
Sprecht in der Klasse darüber.

b Sammelt Wörter für Apfel in weiteren Sprachen.
Fragt in der Klasse. Zeichnet eine Tabelle.
Ergänzt, wo nötig, die Artikel.

	Maskulinum	Femininum	Neutrum	kein Genus
Deutsch	der Apfel			
Französich		la pomme		
Kroatisch		jabuka		
Englisch				apple

Zeichnen einer thematischen Weltkarte

- Eine Weltkarte suchen.

- Transparentpapier darüber legen.

- Transparentpapier mit Büroklammern fixieren.

- Die Konturen der Kontinente malen.

- Ein Obst oder ein Gemüse wählen, ein Symbol festlegen.

- Im Internet oder im Lexikon recherchieren: Wo gibt es Erdbeeren oder Kartoffeln?

- Da, wo es das Gemüse oder das Obst gibt, das Symbol eintragen.

- Eine Überschrift und eine Legende schreiben.

Zeichnen einer thematischen Weltkarte

Mithilfe einer Weltkarte lassen sich z. B. die Herkunftsgebiete von Obst und Gemüse lokalisieren. Gestalte eine eigene Karte!

Benötigtes Material:
- Weltkarte aus dem Atlas
- Butterbrot- oder Transparentpapier
- Büroklammern
- Bleistift und Buntstifte
- Internet, Lexikon

So geht's:

- Wählt im Atlas eine geeignete Weltkarte als Kartengrundlage und legt das Transparentpapier darüber. Fixiert es am Rand mit Büroklammern, damit es nicht verrutscht.
- Paust die Umrisse der Kontinente mit einem Bleistift ab. Denkt an den Platz für eine Überschrift und die Legende.
- Legt nun fest, welche Signatur eure Frucht bekommen soll. In M 2 kennzeichnet die Erdbeere die Anbaugebiete weltweit. Dieses Symbol taucht in der Legende wieder auf und wird dort erklärt.
- Tragt nun in die Länder, in denen die Frucht angebaut wird, die Signatur für die Frucht ein. Im Internet, im Lexikon oder aus Prospekten erfahrt ihr, dass Erdbeeren z. B. in Deutschland und Spanien angebaut werden. In all diese Länder tragt ihr die Erdbeere ein.

M 1 Beim Zeichnen der Karte

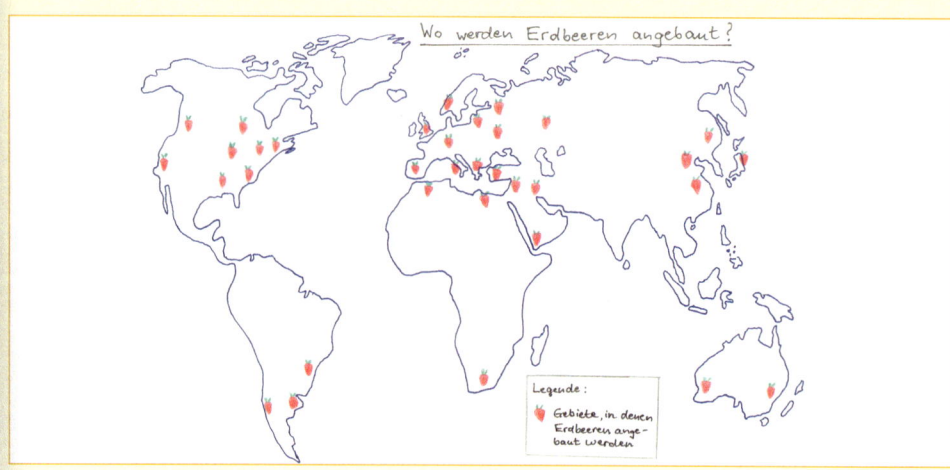

M 2 Anbaugebiete von Erdbeeren weltweit

Recherchieren

Bearbeitet in der Gruppe eine der folgenden Aufgaben.
Stellt eure Ergebnisse auf einem Poster vor.

Aufgabe 1: Ein Supermarktbesuch
Recherchiert in eurem Supermarkt, woher Gemüse und Obst kommen.
Macht Notizen und, wenn möglich, Fotos oder Zeichnungen.

Aufgabe 2: Zutaten finden
Recherchiert, woher die Zutaten für eine Fertigmahlzeit, zum Beispiel eine
Gemüsepfanne, kommen.
Informationen findet ihr z. B. unter: *www.zutatentracker.de.*

Aufgabe 3: Menschen und Sprachen in meiner Schule
Macht eine Umfrage auf dem Schulhof: Woher kommen die Schülerinnen
und Schüler oder ihre Eltern? Welche Sprachen sprechen sie?
Macht eine Statistik. Zeichnet eine Tabelle.

Person	Herkunftsland	Sprache 1	Sprache 2	Sprache 3	Sprache ...
Ahmet, Klasse 8 c	Syrien	Arabisch	...		
...	...				

Berichtet in der Klasse
Aufgabe 1

> (Namen Obst/Gemüse) kommen aus ....
> Es gibt (Name Obst/Gemüse) aus ...

> Wir haben zu dem Thema ...
> recherchiert.
> Das sind unsere Ergebnisse: ...

Aufgabe 2

> In einer / einem (Name Gericht) sind Lebensmittel aus ...

Aufgabe 3

> In meiner Schule gibt es Schülerinnen und Schüler aus (Zahl) Ländern.
> In meiner Schule gibt es (Zahl) verschiedene Sprachen.
> (Zahl) Schülerinnen und Schüler kommen aus (Land 1).
> (Zahl) Schülerinnen und Schüler haben (Sprache 1) als Muttersprache.
> (Zahl) Schülerinnen und Schüler sprechen (Zahl) Sprachen.

GR ▶ S. 186   **Die regelmäßige Konjugation im Präsens**

ich	lern**e**	komm**e**	heiß**e**
du	lern**st**	komm**st**	heiß**t**
er / sie / es	lern**t**	komm**t**	heiß**t**
wir	lern**en**	komm**en**	heiß**en**
ihr	lern**t**	komm**t**	heiß**t**
sie / Sie	lern**en**	komm**en**	heiß**en**

Achtung:
heißen – du heiß**t**

GR ▶ S. 187   **Die Konjugation von *sein***

ich	**bin**
du	**bist**
er / sie / es	**ist**
wir	**sind**
ihr	**seid**
sie / Sie	**sind**

GR ▶ S. 201   **Der Aussagesatz**

	Position 2	
Ich	heiße	Juan.
Amal	kommt	aus Damaskus.
Die Bohnen	kommen	aus Kenia.

GR ▶ S. 202   **Die Ergänzungsfrage**

	Position 2	
Was	importiert	die Firma?
Wie	heißt	du?
Woher	kommt	Roxana?

W-Fragen:
Wer? **W**ie? **W**as?
Wo? **W**oher?
Wohin? **W**ann?

Nomen und Personalpronomen: Genus

GR ▶S. 193 ▶S. 197

Maskulinum (m)	**Der Apfel** kommt aus Ungarn.	**Er** ist sehr gut.
Femininum (f)	**Die Kiwi** kommt aus Neuseeland.	**Sie** ist teuer.
Neutrum (n)	**Das Brot** kommt aus Polen.	**Es** ist lecker.

Wichtige Wörter und Wendungen

Das kann ich:

Jemanden begrüßen
Hallo, ...

Mich und andere vorstellen
Ich heiße ... / Ich bin ....
Er/Sie heißt ... / Das ist ...

Informationen über mich selbst und andere geben, z. B. Name, Alter, Land, Muttersprache
Ich heiße ..., komme aus ... und bin ... Jahre alt.
Das ist (Name). Er/Sie kommt aus ... Er/Sie ist ... Jahre alt.

Lebensmittel (u. a. Obst und Gemüse) benennen
die Banane, der Apfel, die Karotte, der Brokkoli, die Tomate, die Bohne, das Brot, das Fleisch, der Fisch, die Kartoffel, der Salat

Zahlen aussprechen und einige Mengenangaben machen
eins, zwei, ... 1 Million / Das ist eine Tonne Fisch.

Einfache Notizen machen

Eine einfache Mail verfassen
Liebe / lieber ...

Mit einfachen Mitteln eine Grafik / Tabelle beschreiben
Die Tabelle/Grafik zeigt ....
Der Fisch kommt aus ...

Mit einfachen Mitteln die Ergebnisse einer Umfrage oder einer Recherche präsentieren
Das ist das Ergebnis meiner Umfrage / Recherche: ...
(Zahl) Schüler sprechen Arabisch ....

Diese Lebensmittel kommen aus meinem Land: ....

2 Schule

1.11

1 Schau dir die Bilder an. Was siehst du?

Das ist eine Schule.
…

2 a Höre zu. Was ist das?

Ich höre Schüler.
…

In diesem Kapitel lernst du:

▸ über Schule hier und anderswo sprechen
▸ Uhrzeiten und Zeitdauer ausdrücken
▸ Schulwege beschreiben
▸ Texten zentrale Informationen entnehmen
▸ deine Meinung zu einem Thema sagen

b Höre noch einmal. Ordne die Bilder.    ▶1.11

	1	2	3	4	5	6	7
Bild	D	____	____	____	____	____	____

Orientierung in der Schule

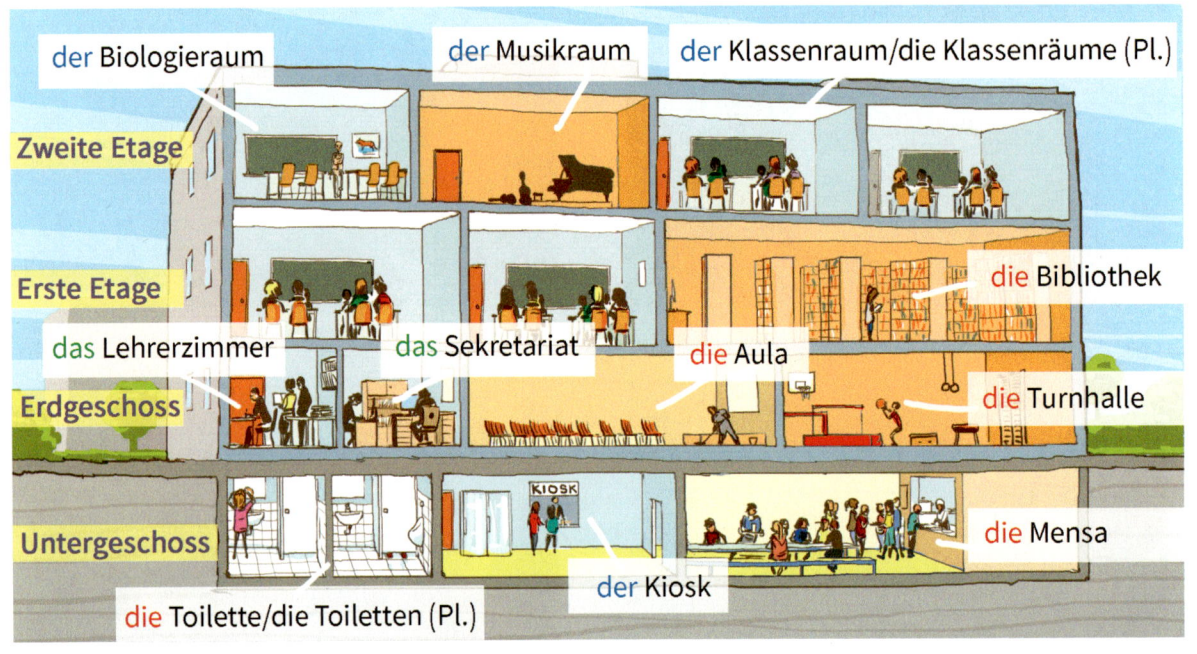

der Biologieraum

der Musikraum

der Klassenraum/die Klassenräume (Pl.)

Zweite Etage

Erste Etage

die Bibliothek

das Lehrerzimmer

das Sekretariat

die Aula

Erdgeschoss

die Turnhalle

Untergeschoss

die Mensa

der Kiosk

die Toilette/die Toiletten (Pl.)

  1 a Schau dir den Plan der Schule an. Welche Räume gibt es? Berichte.

Im Erdgeschoss ist das Sekretariat.
Im Untergeschoss sind die Toiletten.

Ortsangaben im Gebäude
im Erdgeschoss
im Untergeschoss
in der ersten Etage
in der zweiten Etage

 b Fragt euch gegenseitig.

Wo ist der Biologieraum? – In der zweiten Etage.
Ist der Biologieraum in der ersten Etage? – Nein, der Biologieraum ist in der zweiten Etage.

Wo **ist** die Turnhalle?

Ist die Turnhalle im Erdgeschoss?

 1.12 **2 Höre die Durchsagen. Wohin sollen die Schülerinnen und Schüler kommen? Notiere in dein Heft.**

Jonas Müller und Ahmed Khan: _____

Klasse 7a: _____

Klasse 9b: _____

3 a Geht in Gruppen durch die Schule. Macht einen Plan von eurer Schule.

> Das Sekretariat ist in der ersten Etage.

b Beschreibe deine Schule.

Das Sekretariat ist ...

Mein Klassenzimmer ist ....

Phonetik: Wortakzent

4 a Höre auf den Rhythmus. Eine Silbe ist stärker betont. Höre beim ersten Mal nur zu. Wiederhole beim zweiten Mal.  ▶ 1.13

c Markiere den Wortakzent. Schreibe auf Folie.

Beispiel: Aula

Mensa

Kiosk

Turnhalle

Klassenraum

Musikraum

Tipp:
Wenn du ein neues Wort lernst, lerne den Wortakzent dazu.
Summe die betonte Silbe laut, die unbetonte Silbe leise
oder klopfe den Rhythmus.

▶ **5 Schau dir die Szenen an. Wohin gehen die Schülerinnen und Schüler?**

Timo   *Alicia*   *Nuray*   *Eric*

> Wir gehen **in den** Musikraum
> Wir sind **im** Musikraum.
>
> Wir gehen **in die** Mensa.
> Wir sind **in der** Mensa.

(Name) geht ...

in den Biologieraum.
in den Musikraum.
in die Turnhalle.
in die Bibliothek.

   ▶ **6 a Mahmut, Jonas und Nejma suchen ihre Klasse. Schau dir die Bilder an und lies die Whatsapp-Nachrichten. Ergänze die Lücken.**

Mahmut: Hallo Klaus!
Wo seid ihr alle?

Klaus: Wir sind in der
_____ .

Nejma: Lara, ich bin
hier falsch. Haben wir
jetzt Bio?

Lara: Nein, wir haben
Musik. Wir sind im
_____ .

Jonas: Seid ihr schon
in der Turnhalle?

Damla: Nein, wir sind
noch im _____ .

Phonetik: Satzakzent

  ▶ **7 a Höre auf den Rhythmus.**

b Höre noch einmal und wiederhole.

Orientierung im Klassenzimmer

1 Schau dir das Bild an. Was ist in dem Klassenzimmer? Beschreibe.

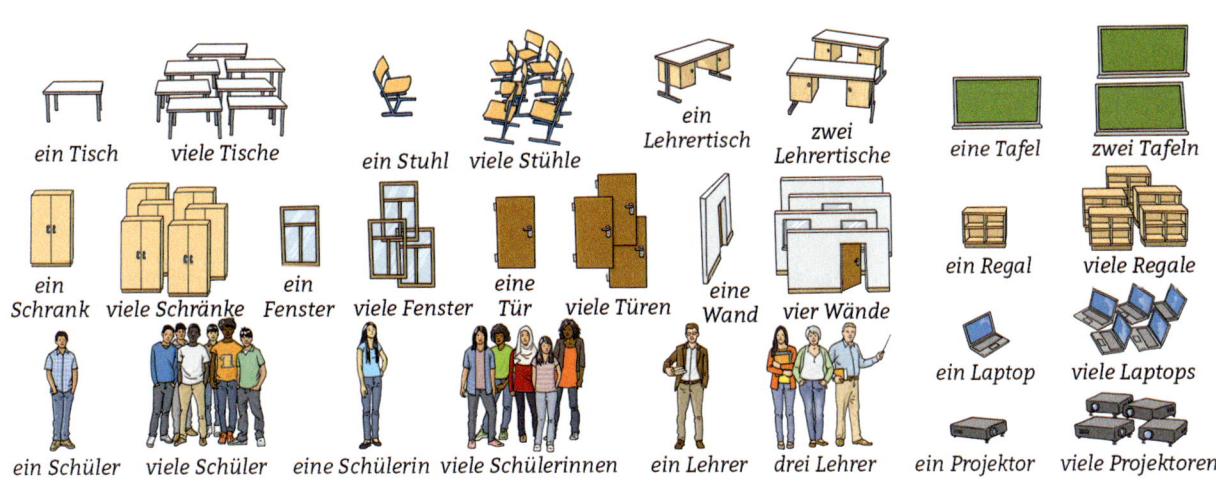

| ein Tisch | viele Tische | | ein Stuhl | viele Stühle | ein Lehrertisch | zwei Lehrertische | eine Tafel | zwei Tafeln |

| ein Schrank | viele Schränke | ein Fenster | viele Fenster | eine Tür | viele Türen | eine Wand | vier Wände | ein Regal | viele Regale |

| ein Schüler | viele Schüler | eine Schülerin | viele Schülerinnen | ein Lehrer | drei Lehrer | ein Laptop | viele Laptops | ein Projektor | viele Projektoren |

Im Klassenzimmer ist ein Lehrer.
Im Klassenzimmer sind viele Schülerinnen und Schüler.
…

Im Klassenraum ist **ein** Lehrertisch.

In Klassenraum sind **viele** Stüh**l**e.

▶ **2 Schau die die Bilder an. Sie zeigen Klassenzimmer aus dem 19. Jahrhundert. Was ist in den Klassenzimmern? Was nicht? Beschreibe und vergleiche.**

ein Computer (m) – **k**ein Computer
– **k**eine Tafel
eine Tafel (f)
– **k**ein Fenster
ein Fenster (n)
– **k**eine Schüler
Schüler (Pl.)

Bild 1: Beim Kopfrechnen von Nikolay Bogdanov-Belsky (1895)

Bild 2: Die Dorfschule von Albert Anker (1848)

Auf Bild 1 ist ein Lehrer und ..., aber kein / keine ...
Auf Bild 2 ...

 ▶ **3 Wie sieht euer Klassenzimmer aus? Beschreibe.**

In unserem Klassenzimmer ist / sind ...

**4 a In der neuen Klasse. Schau dir das Bild an. Wo sitzen die Schüle-
rinnen und Schüler? Beschreibe.**

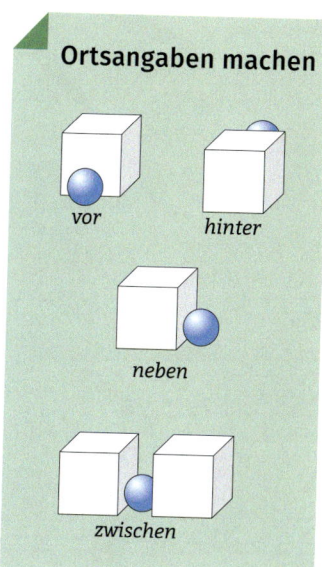

Ortsangaben machen

vor   hinter

neben

zwischen

Anna sitzt neben Lingh.
Goran sitzt zwischen Jala und Amira.
...

**b Im Chemieraum. Schau dir das Bild an. Wo sitzen die Schülerin-
nen und Schüler jetzt?**

Anna sitzt ...

Das brauchst du für die Schule

das Mäppchen, -

der Füller, -

der Kugelschreiber, -

der Bleistift, -e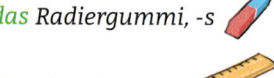

das Radiergummi, -s

das Lineal, -e

der Buntstift, -e

der Textmarker, -

der Schnellhefter, -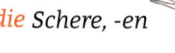

das Heft, -e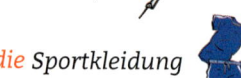

die Schere, -en

der Zirkel, -

die Sportkleidung

der Sportschuh, -e

Nejma, Mahmut, Manuel und Gabriela sind neu an der Kastelbergschule. Sie brauchen viele neue Schulsachen für den Unterricht.

1 Lies den Brief und die Materialliste.

Liebe Eltern,

für den Unterricht in der neuen Klasse braucht Ihr Kind verschiedene Schulsachen. Bitte schauen Sie sich die Materialliste an und kaufen Sie die Dinge, die Ihr Kind noch nicht hat.

Mit freundlichen Grüßen
Marie-Anne Heinrich

(Klassenlehrerin der Klasse 5c)

Materialliste für die Klasse 5	
1	Mäppchen
1	Füller mit Patronen
1	Kugelschreiber
2	Bleistifte
1	Spitzer
1	Radiergummi
1	Lineal (30 cm)
	Buntstifte
1	Textmarker (gelb)
4	Schnellhefter (rot, gelb, blau, grün)
5	Schreibhefte (liniert)
2	Mathehefte (kariert)
2	Vokabelhefte
1	Hausaufgabenheft
1	Schere
1	Zirkel
	Sportkleidung
	Sportschuhe

2 Schau dir die Rucksäcke von Gabriela, Mahmut, Manuel und Nejma an.
a Was ist in den Rucksäcken? Notiere in dein Heft.

Manuels Rucksack

Mahmuts Rucksack

Gabrielas Rucksack

Nejmas Rucksack

b Berichte.

In Gabrielas Rucksack ist / sind ...

c Vergleiche deine Notizen mit der Materialliste. Was müssen die Schülerinnen und Schüler am Nachmittag kaufen? Mache Einkaufslisten.

Gabriela:
– 1 Füller mit Patronen
– 1 Bleistift
....

Im Rucksack ist .... ein Kugelschreiber (m).
eine Schere (f).
ein Mäppchen (n).

d Was haben die Schülerinnen und Schüler? Was brauchen die Schülerinnen und Schüler? Berichte.

Nejma hat ein Mäppchen. Sie hat einen Kugelschreiber.
Nejma braucht einen Füller mit Patronen.

Ich habe einen Kugelschreiber (m).
Ich brauche einen Füller (m).
Ich habe eine Schere (f).
Ich brauche ein Mäppchen (n).

3 Schreibe die Materialliste für deine Eltern. Benutze deine Muttersprache.

Phonetik: <z>, <sp> und <st>

Tipp:
Im Deutschen gibt es manchmal zwei oder drei Konsonanten hintereinander:
Zimmer, sitzen, Zahl (<z> sprich [ts]),
Stifte, Stuhl, still (<st>: sprich scht [ʃt])
Sportschuhe, Sportkleidung, Spitzer (<sp>: sprich schp [ʃp])

4 a Höre die Aufnahme. Höre beim ersten Mal nur zu. Sprich beim zweiten Mal mit. ▶ 1.15

b Höre zu. Was hörst du? Entscheide. ▶ 1.16

○ Zimmer   oder   ○ sind?
○ Zeit   oder   ○ seit?
○ Sport   oder   ○ Stuhl?
○ Stift   oder   ○ Spitzer?

Ein Tag an einer deutschen Schule

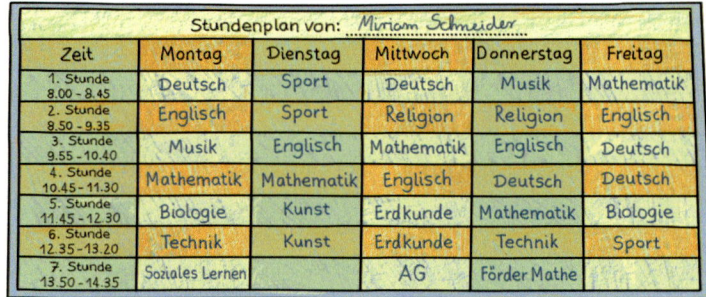

Stundenplan von: Miriam Schneider

Zeit	Montag	Dienstag	Mittwoch	Donnerstag	Freitag
1. Stunde 8.00 – 8.45	Deutsch	Sport	Deutsch	Musik	Mathematik
2. Stunde 8.50 – 9.35	Englisch	Sport	Religion	Religion	Englisch
3. Stunde 9.55 – 10.40	Musik	Englisch	Mathematik	Englisch	Deutsch
4. Stunde 10.45 – 11.30	Mathematik	Mathematik	Englisch	Deutsch	Deutsch
5. Stunde 11.45 – 12.30	Biologie	Kunst	Erdkunde	Mathematik	Biologie
6. Stunde 12.35 – 13.20	Technik	Kunst	Erdkunde	Technik	Sport
7. Stunde 13.50 – 14.35	Soziales Lernen		AG	Förder Mathe	

1 a Schau dir Miriams Stundenplan an. Welche Fächer gibt es? Mache eine Liste.

Englisch

…

b Welche Fächer kennst du? Welche kennst du nicht? Sprecht darüber.

c Welche Fächer hat Miriam an welchem Tag? Fragt euch gegenseitig.

Welche Fächer hat Miriam am Montag? – Am Montag hat Miriam …

Wann hat Miriam Mathematik? – Miriam hat am …. Mathematik.

2 Schau dir die Schulsachen an und ordne sie den Fächern zu.

Das ist **ein** Vokabelheft.
– Ich brauche **das** Vokabelheft in Englisch.
Das ist **ein** Zirkel.
– Ich brauche **den** Zirkel in Mathe.
Das ist **eine** Schere.
– Ich brauche **die** Schere in Kunst.

Beispiel: Nummer 1 ist ein Vokabelheft.   Ich brauche das Vokabelheft
                                                 in Englisch.

            Nummer 2 ist …   Ich brauche … in …

3 Schau dir Miriams Stundenplan noch einmal an.
a Lies die Aussagen und ergänze die passenden Uhrzeiten.

A **8:00** acht Uhr

B **10:40** zehn Uhr vierzig

C **8:25** acht Uhr fünfundzwanzig

D **12:25** zwölf Uhr fünfundzwanzig

E **13:15** dreizehn Uhr fünfzehn

1. Am Montag beginnt der Unterricht um _____ .

2. Am Freitag endet der Unterricht um _____ .

3. Am Donnerstag endet der Unterricht um _____ .

4. Am Mittwoch beginnt Musik um _____ .

5. Am Donnerstag endet Mathematik um _____ .

b Fragt euch gegenseitig.

Wann beginnt Technik am Donnerstag? – Am Donnerstag beginnt Technik um ...

4 Aaron ist neu an der Kastelbergschule. Mit seiner Klassenkameradin Petra geht er gemeinsam zur Schule. Sie sprechen über ihren Schultag.
a Schau dir den Stundenplan von Petra und Aaron an.

Stundenplan					
Zeit	Montag	Dienstag	Mittwoch	Donnerstag	Freitag
1. Stunde 8.00 – 8.45	Englisch	Deutsch	Englisch	Mathematik	Mathematik
2. Stunde 8.50 – 9.35	Mathematik	Deutsch	Englisch	Deutsch	Englisch
9.35 – 9.50	1. Pause				
3. Stunde 9.50 – 10.35	Geschichte	Mathematik	Geschichte	Biologie	Deutsch
4. Stunde 10.40 – 11.25	Biologie	Mathematik	Musik	Englisch	Deutsch
11.25 – 11.40	2. Pause				
5. Stunde 11.40 – 12.25	Deutsch	Kunst	Sport	Technik	Musik
6. Stunde 12.30 – 13.15		Kunst	Sport	Technik	

b Höre das Gespräch zwischen Petra und Aaron: Über welchen Tag sprechen sie? ▶ 1.17

5 Wie sieht dein Stundenplan aus? Welche Fächer hast du wann? Berichte.

Am Montag habe ich ...
In der ersten Stunde ...

▶ **6 Aarons Schultag**

a Schau dir die Bilder an. So sieht ein Tag von Aaron aus, wenn er zur Schule geht. Wann macht Aaron was? Schau die Uhrzeiten an und ergänze die Sätze.

Um... Uhr steht Aaron auf.

Um... Uhr frühstückt er.

Um ... Uhr geht er in die Schule.

Um ... Uhr kommt Aaron nach Hause.

Um .... Uhr isst er zu Mittag.

Um ... Uhr macht Aaron seine Hausaufgaben.

Um ... Uhr trifft Aaron sich mit Freunden

Um ... Uhr geht er schlafen.

Um ... Uhr schläft er.

Uhrzeiten im Alltag

ein Uhr

zehn nach eins

zwanzig vor drei

viertel nach vier

viertel vor fünf

halb sieben

  ▶ **b** Sprecht über Aarons Schultag. Fragt euch gegenseitig.

Was macht Aaron um sieben Uhr? – Um sieben Uhr frühstückt Aaron.

Phonetik: Konsonantencluster

7 a Höre zu. ◀ 👂 🔊 ▶ 1.18

  b Höre noch einmal und wiederhole. ◀ 👂 🔊 ▶ 1.19 💬

8 Wie sieht dein Schultag aus?
  Schreibe in dein Heft: „Mein Schultag" ◀ ✏️

  Um ... Uhr stehe ich auf.

Phonetik: Satzakzent – Begrüßung

9 a Höre den Dialog und achte auf den Rhythmus.
    Du kannst den Rhythmus mitklopfen. ◀ 👂 🔊 ▶ 1.20 💬

  b Höre noch einmal und sprich mit. 🔊 ▶ 1.21

Aaron:	Guten Morgen, Petra.
Petra:	Guten Morgen, Aaron.
Aaron:	Wann beginnt die Schule?
Petra:	Die Schule beginnt um acht.
Aaron:	Tschüss. Wir sehen uns am Abend.
Petra:	Tschüss, bis heute Abend.

Tageszeiten und Begrüßung

Tageszeit	*Begrüßung*
am Morgen	Guten Morgen!
am Mittag	Guten Tag!
am Nachmittag	Guten Tag!
am Abend	Guten Abend!
vor dem Schlafengehen	Gute Nacht!

10 Interviewe einen Partner/eine Partnerin. Frage ihn oder sie zu
   seinem oder ihrem Schultag. Trage die Antworten in die Tabelle
   ein. ◀ 🧑‍🤝‍🧑 💬 📖

Wann... / Um wie viel Uhr...	... stehst du auf?
	... frühstückst du?
	... gehst du in die Schule?
	... kommst du nach Hause?
	... isst du zu Mittag?
	... machst du deine Hausaufgaben?
	... triffst du dich mit Freunden?
	... gehst du ins Bett?

Uhrzeit	
	aufstehen
	frühstücken
	in die Schule gehen
	nach Hause kommen
	zu Mittag essen
	Hausaufgaben machen
	sich mit Freunden treffen
	ins Bett gehen

Schulwege

  ▶ **1** Aaron und Petra gehen zu Fuß zur Schule. Das dauert eine Viertel-
stunde.
   a Schau dir die Bilder an: Wie kommen die Schülerinnen und
   Schüler zur Schule? Wie lange brauchen sie für ihren Schulweg?
   Berichte.

Nele, mit dem Fahrrad, 10 Min.

Tim, mit dem Auto, 20 Min.

Jannis, mit dem Zug, 1 Std.

Kevin und Jana, zu Fuß, 15 Min.

Paul, mit dem Bus, 30 Min.

Kevin und Jana kommen ... zur Schule. Das dauert 15 Minuten.

 ▶ **b** Wie kommst du zur Schule? Wie lange brauchst du? Berichtet in
   der Klasse.

Ich komme zu Fuß / mit dem Fahrrad / ... zur Schule. Das dauert ...

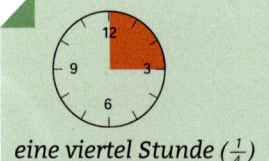

eine viertel Stunde ($\frac{1}{4}$)

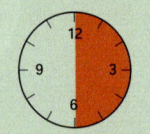

eine halbe Stunde ($\frac{1}{2}$)

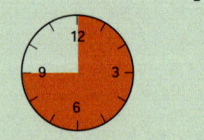

eine dreiviertel Stunde ($\frac{3}{4}$)

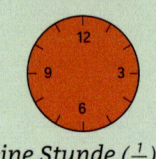

eine Stunde ($\frac{1}{1}$)

2 Macht eine Umfrage.
   a Wie kommen die Schülerinnen und Schüler in eurer Klasse zur
   Schule? Wie lange brauchen sie für den Schulweg?
   Macht eine Tabelle und tragt die Ergebnisse ein.

Name	Fahrrad	zu Fuß	Zug	Auto	Bus	...	Wie lange?
Mary	X						12 Min.
...							

b Fasst die Ergebnisse zusammen.

· Wie viele Schülerinnen und Schüler kommen zu Fuß?
· Wie viele Schülerinnen und Schüler kommen mit dem Fahrrad?
· Wer hat den längsten Schulweg?
· ...

(Zahl) Schülerinnen und Schüler kommen zu Fuß zur Schule.

...

3 Swetlana und Elena sind Schwestern. Sie wohnen in Köln-Sülz und besuchen zwei verschiedene Schulen: Swetlana besucht das Hildegard-von-Bingen-Gymnasium, Elena besucht die Schiller-Schule.
a Schau dir den Stadtplan an und finde die beiden Schulen.

Hildegard-von-Bingen-Gymnasium

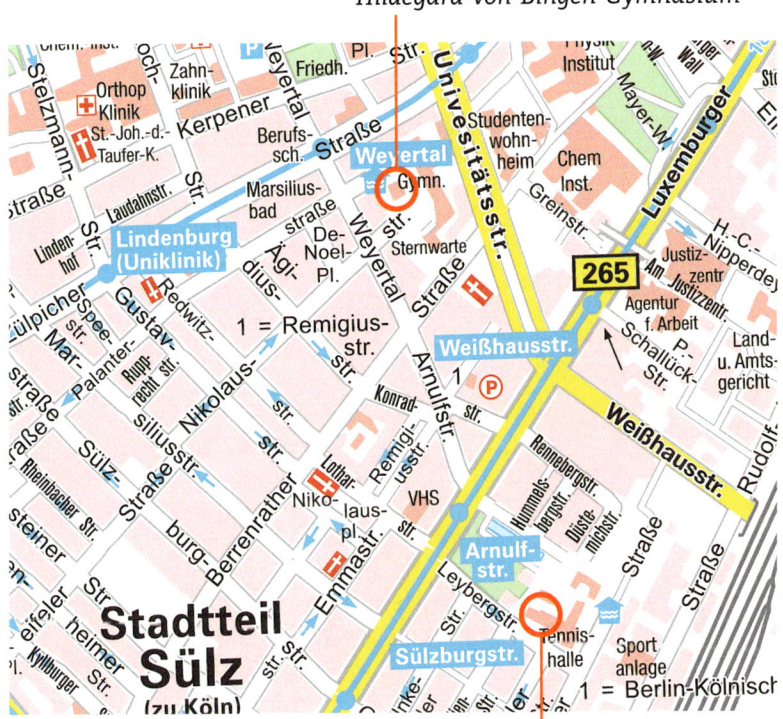

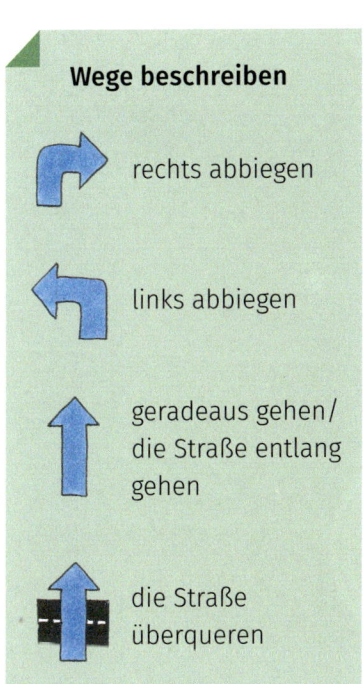

Wege beschreiben

rechts abbiegen

links abbiegen

geradeaus gehen/
die Straße entlang
gehen

die Straße
überqueren

Schiller-Schule

b Höre zu und beantworte die Fragen.   ▶ 1.22

· In welcher Straße wohnen Swetlana und Elena?
· Welchen Schulweg nehmen sie? Zeichne den Weg auf Folie nach.

c Berichte in der Klasse: Swetlanas Schulweg / Elenas Schulweg.

Swetlana wohnt in der Emmastraße. Zuerst geht sie bis... . Dann ...
Danach ...

4 Wie kommst du zur Schule? Schreibe deinen Schulweg in dein Heft.

Wir brauchen Regeln

👁 💬 ▶ **1 Schau dir das Bild an. Was siehst du?**

🔊 ▶ 1.23 👂 ▶ **2 Höre die Unterrichtszene. Richtig oder falsch? Entscheide.**

	richtig	falsch
Die Klasse hat gerade Englisch.	○	○
Anna und Samy hören gut zu.	○	○
Jonas spielt mit dem Handy.	○	○
Die Klasse sieht ein Foto von London.	○	○
Mona ist heute krank.	○	○

📖 💬 ▶ **3 a Lest die Klassenregeln. Tauscht euch darüber aus.**

Klassenregeln der Klasse 6c

Wir kommen pünktlich zum Unterricht.

Wir bringen den Müll in den Mülleimer.

Wir hören zu, wenn andere sprechen.

Wir benutzen das Handy nicht.

Wir hören keine Musik im Unterricht.

Wir wischen die Tafel.

Wir essen nicht im Unterricht.

Wir halten den Klassenraum sauber.

b Was sollen die Schülerinnen und Schüler machen? Was sollen die Schülerinnen und Schüler nicht machen? Trage in die Tabelle ein.

Das sollen die Schüler machen.	Das sollen die Schüler nicht machen.
pünktlich zum Unterricht kommen	das Handy benutzen
...	

c Berichte.

Die Schüler und Schülerinnen sollen pünktlich zum Unterricht kommen.
Die Schüler und Schülerinnen sollen das Handy nicht benutzen.

Wir	**müssen**	pünktlich zum Unterricht	**kommen**.
Wir	**dürfen**	im Unterricht Wasser	**trinken**.
Wir	**können**	in der Mensa	**essen**.

4 Höre noch einmal die Unterrichtsszene aus Aufgabe 2. Gegen  1.23 welche Regeln verstoßen die Schülerinnen und Schüler?

5 a Welche Regeln findest du gut? Welche findets du nicht gut? Markiere die Regeln mit ☺ und ☹.

b Vergleicht eure Ergebnisse in der Klasse.

6 Macht ein Plakat mit Regeln für eure Klasse. Überlegt gemeinsam mit eurer Lehrerin/eurem Lehrer, welche Regeln für eure Klasse sinnvoll sind. Schreibt die Regeln auf und malt passende Bilder dazu.

7 Welche Regeln gab es in deiner alten Klasse in deinem Land? Berichte.

Schulen international

  ▶ **1 a Schau dir die Bilder von Schulen in aller Welt an. Was siehst du? Was ist das Besondere an den Schulen? Sprecht darüber.**

 ▶ **b Was denkst du: In welchen Ländern sind die Schulen? Hast du eine Idee?**

Ich glaube, Schule Nummer 1 ist in ...

 ▶ **c Marisa von den Fidschi-Inseln, Mikael aus Finnland und Domenica aus Ecuador erzählen von ihren Schulen. Lies die Texte. Welche Bilder von oben passen zu den Texten?**

Marisa stellt ihre Schule auf Fidschi vor.

Sie erzählt:

Meine Schule beginnt um 8.30 Uhr und endet am Nachmittag um 16.00 Uhr.

5 In meiner Schule gibt es die Fächer Mathematik (Maths), Englisch (English), Gesundheitskunde (Health Science), Sozialkunde (Social Science) und eine Kombination aus Chemie und Physik (Basic Science), Gartenbau (Gardening) und Kunsthand-

10 werk (Arts and Craft).

Unsere Schule ist sehr klein, wir sind nur ca. 50 Schüler. Alle, auch die Lehrer und Lehrerinnen, essen in der Schule. Nach der „Lunch Time", dem Mittagessen, geht der Unterricht weiter. Dann ha-

15 ben wir Unterricht in Gartenbau, Sozialkunde oder Kunsthandwerk. Alle sprechen an dieser Schule Englisch. Wir müssen eine Schuluniform tragen und unsere Lehrerinnen mit „Madam" und unsere Lehrer mit „Sir" anreden.

Mikael stellt seine Schule in Finnland vor.

Er erzählt:

Meine Schule ist im Süden Finnlands. In meine Klasse gehen 28 Schülerinnen und

5 Schüler. Insgesamt hat die Schule 900 Schülerinnen und Schüler. Unser Unterricht beginnt um 8.00 Uhr und endet um 15.00 Uhr.

In meiner Schule müssen wir keine Uni-

10 form tragen. Unsere Lehrer und Lehrerinnen reden wir mit dem Vornamen an und sagen „Du" zu ihnen oder „Ope". Das ist das finnische Wort für Lehrer oder Lehrerin. Bis zur siebten Klassen unterrichtet der

15 Klassenlehrer fast alle Fächer. Erst dann haben wir Unterricht bei verschiedenen Lehrern. Ab der dritten Klasse lernen alle Englisch.

Mittags essen die Lehrer und Schüler ge-

20 meinsam in der Schule. Danach gibt es Unterricht in Tanz, Musik oder Theater.

Domenica stellt ihre Schule in Ecuador vor.

Sie erzählt:

Meine Schule ist in den Bergen von Ecuador. Es ist eine ganz kleine Schule, die nur 25 Schüler und ein Klassenzimmer hat. Alle Schüler lernen in diesem Raum. Jede Stuhlreihe ist eine Klasse. Ich bin
5 in der sechsten Klasse. Wir sind nur vier Schüler und wir haben nur einen Lehrer.

Die Schule beginnt um 7.30 Uhr, um 10.00 Uhr haben wir unsere erste große Pause. Dann frühstücken wir alle zusammen. Um 13.00 Uhr endet der Unterricht. Jeden Tag haben wir nur zwei Fächer, z.B. Mathematik und Spanisch. Wir lernen auch unsere alte Indianersprache „Kichwa". Außerdem lernen wir Gemüse anzubauen und die Felder zu bearbeiten.
10 Weil wir in den Bergen auf ca. 4000 m Höhe leben, kann ich nicht mit dem Fahrrad zur Schule fahren. Schulbusse gibt es auch nicht. Ich laufe jeden Tag eine Stunde zur Schule und eine Stunde nach Hause.

d Vergleiche die Schulen. Mache eine Tabelle. Schreibe in dein Heft.

	Marisas Schule	Mikaels Schule	Domenicas Schule
Schülerzahl			
Schulbeginn			
Schulende			
Schulfächer			
Mensa			
Besonderheiten?			

e Berichte über die Schulen.

Die Schulen von Marisa und Domenica sind klein, Mikaels Schule ist groß.

2 Berichte über die Schule in deinem Heimatland.

In meiner alten Schule in … gibt es …

3 Lies die Texte von Marisa, Mikael und Domenica noch einmal. Welche Schule findest du gut? Warum? Sprich mit deiner Partnerin / deinem Partner darüber.

Ich finde die Schule von … gut / toll / super. Dort gibt es …

Mit diesen Seiten könnt ihr bestimmt schon arbeiten.

Schule hier und anderswo

Schuluniformen

Ihr habt eine Reise durch die Schulen in verschiedenen Ländern und Erdteilen gemacht und viel darüber erfahren. Zum Beispiel tragen die Kinder in vielen Ländern Schuluniformen.
Habt ihr schon einmal darüber nachgedacht, wie es wäre, wenn ihr eine Schuluniform tragen müsstet?

❶ Was haltet ihr von Schuluniformen? Was ist gut daran und was nicht? Überlegt gemeinsam.

❷ Erstellt ein Meinungsbild eurer Klasse zum Thema „Schuluniformen".

Dazu könnt ihr so vorgehen:
Markiert mit einer Schnur oder Klebeband eine Linie in eurem Klassenzimmer.

Nun stellt ihr euch eurer Meinung entsprechend an der Linie auf:
– Ganz links stehen die, die für Schuluniformen sind.
– Ganz rechts diejenigen, die gegen Schuluniformen sind.
– Die anderen können sich an der Linie aufstellen und entscheiden, ob sie näher an der einen oder anderen Meinung sind.
– Wer sich überhaupt nicht entscheiden kann, stellt sich genau in die Mitte.

Eine eigene Meinung formulieren und begründen

Nachdem ihr euch über das Thema Schuluniformen ausgetauscht habt, könnt ihr nun eure Meinung und eure Begründungen aufschreiben. Ein anderes Wort für „Begründung" ist „Argument".

❶ Um Argumente zu finden, könnt ihr mit einem Placemat arbeiten. Das kennt ihr schon aus Klasse 5:

METHODE

Placemat-Activity

– Entscheidet euch, ob ihr für (Pro) oder gegen (Kontra) Schuluniformen seid. Achtet darauf, dass beide Seiten in eurer Klasse etwa gleich stark vertreten sind.
– Setzt euch in Gruppen zu vier Schülern zusammen.
– Jede Gruppe erhält ein Placemat.
– In sein Feld schreibt jeder seine Argumente.
– Jeder aus der Gruppe liest still die Argumente der anderen.
– Einigt euch auf drei Argumente, die euch besonders wichtig sind, und schreibt sie in die Mitte. Dann schneidet ihr das mittlere Feld aus.

❷ Hängt eure Placemats geordnet nach Pro und Kontra in der Klasse auf und vergleicht sie: Welche Argumente sind gleich oder ähnlich?

❸ Erstellt ein Plakat mit euren Argumenten für und gegen Schuluniformen. Gleiche oder ähnliche Argumente werden nur einmal aufgeschrieben:

Argumente Pro	Argumente Kontra
...	...

Hängt das Plakat anschließend in eurer Klasse auf.

⚐ ▸ Schulwege

**Bearbeitet in der Gruppe eine der folgenden Aufgaben.
Stellt eure Ergebnisse auf einem Poster vor.**

Aufgabe 1

Stellt euren Schulweg auf einer Karte dar. Markiert besondere Orte mit Texten.
Zum Beispiel: Hier ist ein Kiosk. In diesem Kiosk kann ich eine Zeitung kaufen. Oder: Auf dieser Straße fahren viele Autos. Ich muss aufpassen. Oder: Hier ist ein Park. Da kann man Fahrrad fahren.
Ihr könnt mit Scribblemaps arbeiten.

> Scribblemaps:
www.scribblemaps.com
Start: Button 'create your map now'.

Im Feld 'search' den Namen des zu suchenden Ortes eintragen:

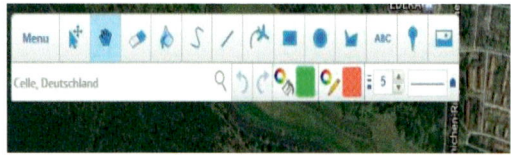

Das eigene Wohnhaus und die Schule mit dem Polygon-Werkzeug markieren:

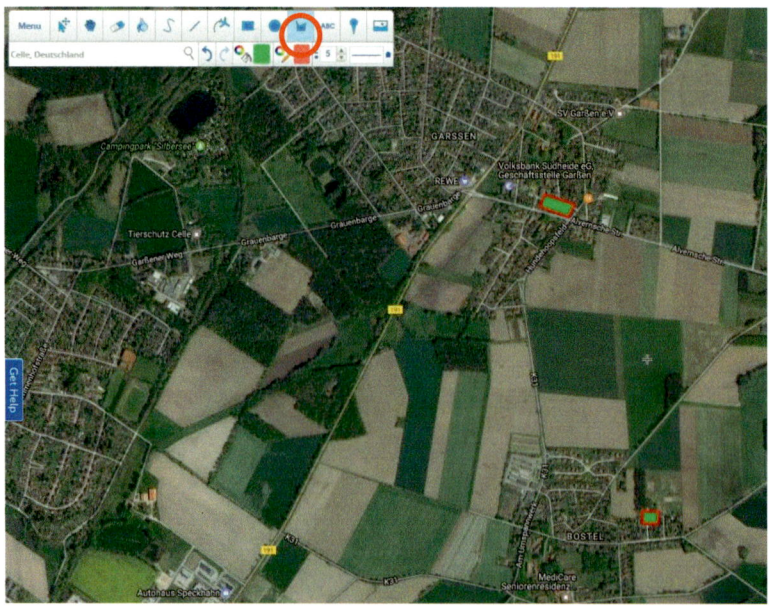

Linienwerkzeuge wählen und Schulweg einzeichnen:

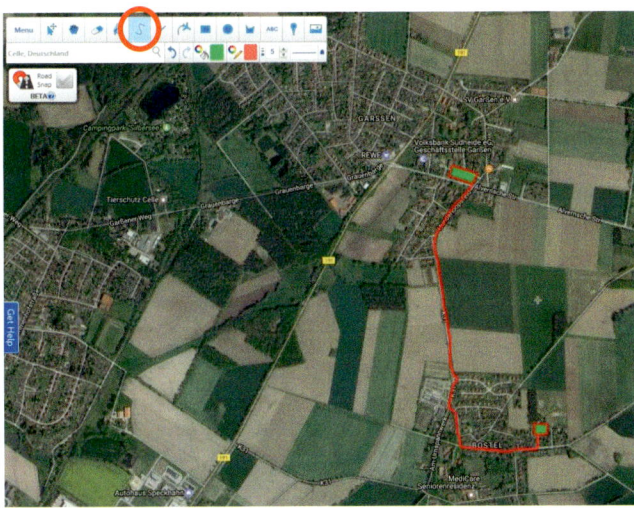

Werkzeuge Marker (Wegpunkt) und Text für die Beschriftungen nutzen:

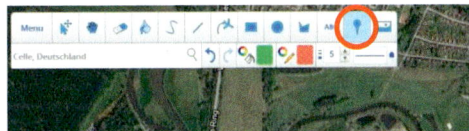

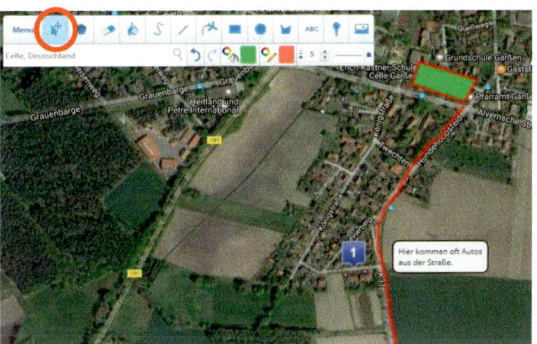

Aufgabe 2

In manchen Ländern kommen die Schülerinnen und Schüler mit dem Schulbus in die Schule. Recherchiert im Internet: Wo gibt es viele Schulbusse? Wie sehen die Schulbusse in den einzelnen Ländern aus? Informationen findet ihr zum Beispiel unter https://de.wikipedia.org/wiki/Schulbus

Aufgabe 3

Besondere Schulwege.
Nicht alle Schülerinnen und Schüler kommen zu Fuß oder mit dem Fahrrad zur Schule. Manche nutzen besondere Transportmittel. Recherchiert im Internet.
Informationen findet ihr zum Beispiel unter http://www.spiegel.de/leben-undlernen/schule/mit-der-seilbahn-zum-unterricht-die-verruecktesten-schulwege-deutschlands-a-720370.html

GR ▶ S. 202   **Entscheidungsfrage und Ergänzungsfrage**

	Position 1	Position 2	
Entscheidungsfrage	Ist	der Biologieraum	in der erste Etage?
	Gibt	es	im Klassenraum eine Tafel?
Ergänzungsfrage	**Wo**	ist	die Aula?
	Wann	beginnt	der Unterricht?

GR ▶ S. 188   **Modalverben**
▶ S. 203

Satzstellung:

	Position 2		Satzende
Du	musst	pünktlich	kommen.
Er	darf	im Unterricht	trinken.
Wir	können	in der Mensa	essen.

Konjugation:

	sollen	müssen	dürfen	können
ich	soll	muss	darf	kann
du	soll**st**	mus**st**	darf**st**	kann**st**
er / sie / es	soll	muss	darf	kann
wir	soll**en**	müss**en**	dürf**en**	könn**en**
ihr	soll**t**	müss**t**	dürf**t**	könn**t**
sie	soll**en**	müss**en**	dürf**en**	könn**en**

GR ▶ S. 194   **Nomen: Singular und Plural**

	Singular	Plural
-e /-"e	ein Tisch, ein Schrank	viele Tisch**e**, viele Schr**ä**nk**e**
-s	ein Laptop	viele Laptop**s**
-n / -en	eine Tafel, eine Tür	viele Tafel**n**, viele Tür**en**
-	ein Schüler	viele Schüler

GR ▶ S. 194   **Nomen: Akkusativ**

	Nominativ	Akkusativ
Singular	**Der Füller** ist schön.	Er braucht **den Füller**.
	Die Mappe ist aus China.	Wir kaufen **die Mappe**.
	Das Auto kommt.	Ich nehme **das Auto**.
Plural	**Die** Füller / Mappen / Autos sind schön.	Er braucht **die** Füller / Mappen / Autos.

Artikelwörter

$\boxed{GR}$ ▶ S. 196

Nominativ	der	ein	kein	Füller	die Füller
	die	eine	keine	Mappe	die Mappen
	das	ein	kein	Auto	die Autos
Akkusativ	den	einen	keinen	Füller	die Füller
	die	eine	keine	Mappe	die Mappen
	das	ein	kein	Auto	die Autos

Das ist **ein** Vokabelheft. Ich brauche **das** Vokabelheft in Englisch.

Im Klassenzimmer ist **eine** Tafel, aber **kein** Projektor.

Wo? Wohin?

$\boxed{GR}$ ▶ S. 200

• **Wo?**

Sergio ist **im** Musikraum **in der** Mensa **im** Kino

→ **Wohin?**

Sergio geht **in den** Musikraum **in die** Mensa **ins** Kino

in + dem = im
in + das = ins

Wichtige Wörter und Wendungen
Das kann ich:

Jemanden zu verschiedenen Tageszeiten begrüßen
Guten Morgen! Guten Tag! Guten Abend!

Räume in der Schule, Schulsachen, Unterrichtsfächer benennen
Hier ist das Sekretariat / ein Füller /...
Am Montag haben wir Englisch, Mathematik ...

Sagen, wo etwas / jemand ist
Der Biologieraum ist in der ersten Etage. Peter sitzt neben Mehmet.

Mein Klassenzimmer beschreiben
In meiner Klasse gibt es eine Tafel und einen Overheadprojektor ...

Meinen Schulweg beschreiben.
Zuerst gehe ich in die Lotharstraße, dann ...

Die Uhrzeiten benennen und Zeitdauer ausdrücken
Um acht Uhr ....; das dauert ... Stunden

Meinen Tagesablauf und den anderer Personen beschreiben
Um acht Uhr stehe ich auf / steht Laura auf.

Klassenregeln nennen
Wir dürfen das Handy nicht benutzen.

Mit einfachen Worten sagen, was ich gut / nicht so gut finde
Das finde ich super / nicht so toll.

3 Deutschland entdecken

  ▶ **1 Schau dir die Bilder an. Was erkennst du?**

Eine Großstadt.

...

 ▶ 1.24 ▶ **2 Höre zu. Wo spielen die Szenen? Was passiert?**

(i) ▶ **In diesem Kapitel lernst du:**

▶ Deutschland und seine Bundesländer kennen
▶ In welchen Berufen Menschen in Deutschland arbeiten
▶ das Datum zu sagen
▶ über die Vergangenheit sprechen
▶ Karten, Tabellen und Grafiken Informationen entnehmen
▶ Informationen zu vergleichen

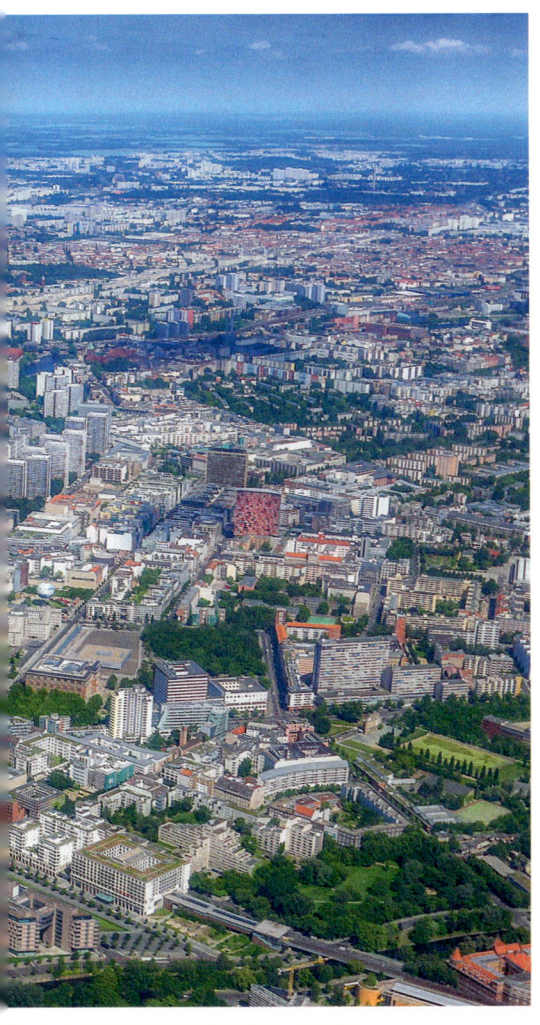

Eine Tour durch Deutschland

  ▶ **1 Schau dir das Bild an.**
Wer ist das? Wie viele Personen siehst du? Was machen sie?

Beispiel: Der Mann hinten rechts schreit.

  ▶ **2 Lies den Info-Text über Bülent Ceylan. Markiere wichtige Informationen zu seinem Leben und seiner Arbeit.**

Bülent Ceylan:
Ein Kurzporträt

Bülent Ceylan ist ein deutscher Komiker. Geboren ist er am 4. Januar 1976 in Mannheim. Seine Mutter ist Deutsche, sein Vater ist Türke. In seinen Shows macht Bülent Ceylan Witze über Deutsche
5 und Türken.

In einem Programm spielt er zum Beispiel Arslan, einen typischen türkischen Gemüsehändler, der in Mannheim seinen Laden hat. In einem anderen Programm vergleicht er seinen türkischen Vater
10 mit seinem deutschen Großvater. Manchmal macht er sich lustig darüber, wie die Leute in Hannover sprechen – er nennt das „Oxford-Deutsch". Bülent Ceylan selbst spricht mit einem Mannheimer Akzent.

 ▶ **3 Auf einer Fan-Seite findest du ein Posting mit Informationen über Bülent Ceylan. Leider sind einige Fehler darin. Lies noch einmal den Text aus Aufgabe 2 und korrigiere die Fehler.**

Bülent Ceylan ist der Sohn einer *deutsch-*~~türkischen~~ Familie. Er ist in Deutschland geboren, und zwar in ~~Hannover~~. Er ist heute ein bekannter Sänger. In seinen Shows macht er nur Witze über Deutsche. Manchmal macht er Witze über Sprache. Die Sprache in Mannheim nennt er „Oxford-Deutsch".

4 a Du hörst einen Ausschnitt aus einer Radiosendung mit Bülent Ceylan. Lies die Aussagen. Entscheide: Richtig oder falsch? ◄ 🔊 🔊▶1.25 📖

	richtig	falsch
Bülent Ceylan hat ein neues Programm.	○	○
Der Radiosender verlost Tickets für die Show.	○	○
Man soll eine SMS schreiben.	○	○
Bülent Ceylan tritt in Städten in ganz Deutschland auf.	○	○

b Schau dir das Plakat für Bülent Ceylans neue Show an. Höre den Text noch einmal. Vervollständige das Plakat. ◄ 🔊 🔊▶1.25 📖

BÜLENT CEYLAN
KRANK

Tourdaten

20. und 21.04: Mannheim	SAP Arena
07.__: Köln	Lanxess Arena
08.05.: _____	POLITTBÜRO
26. und ___05.: Berlin	TEMPODROM
___05.: Dresden	MESSE DRESDEN
29.05.: _____	Fraport Arena

c Lest euch gegenseitig die Tourdaten vor. ◄ 💬

Man spricht: Am zwanzigsten und einundzwanzigsten April ist Bülent Ceylan in Mannheim.
Am siebten Mai ist er ...

d Schreibe nun die Informationen zur Deutschlandtour in dein Heft. ◄ ✏️

Tipp: Alle Monate haben den Artikel der.

Die Monate

Januar	Juli
Februar	August
März	September
April	Oktober
Mai	November
Juni	Dezember

Das Datum (Wann?)

01.05.	am ersten Mai
02.05.	am zweiten Mai
03.05.	am dritten Mai
...	
08.05.	am achten Mai
...	

Beginne so: Bülent Ceylan macht eine große Deutschlandtour. Am 20. und 21. April ist er in Mannheim. Am ...

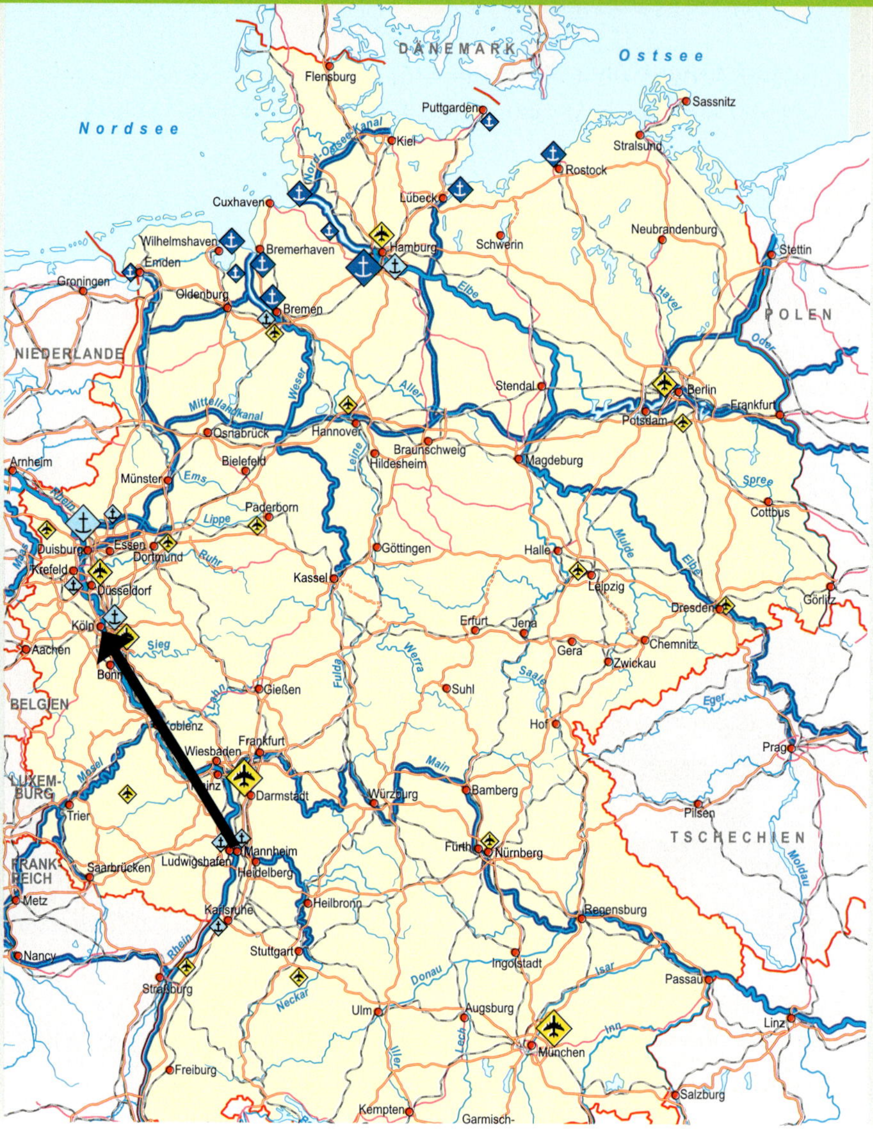

Legende

- ---- Eisenbahn
- ──── Autobahn
- ······ Autobahn im Bau/ in Planung
- ──── Fernstraße
- ──── Wasserstraße

Flughafen

- über 30 Mio. Fluggäste 2008
- 10 – 30 Mio.
- 1 – 10 Mio.

- Seehafen
- Binnenhafen

Umschlag 2008

- über 50 Mio. t
- 10 – 50 Mio.
- 4 – 10 Mio.

Maßstab

0   50   100 km

5 a **Schau dir die Karte von Deutschland an.**
       Suche die Städte von Bülent Ceylans Deutschlandtour. Markiere
       die Orte mit kleinen Haftnotizen.

   b **Miss die Entfernungen zwischen den Städten mit einem Lineal.**
       Trage die Ergebnisse in Zentimetern (cm) ein.

   (1) Mannheim → Köln: __3,5__ cm
   (2) Köln → Hamburg: _____ cm
   (3) Hamburg → Berlin: _____ cm
   (4) Berlin → Dresden: _____ cm
   (5) Dresden → Frankfurt am Main: _____ cm

6 a Schau dir noch einmal die Karte auf Seite 54 an. Links unten ist der Maßstab angegeben.

b Lies den Text über den Maßstab und schau dir die Abbildungen an.

Der Maßstab

Auf einer Karte sind Häuser, Wälder, Berge und Länder viel kleiner als in Wirklichkeit. Man sagt, sie sind in einem anderen Maßstab gezeichnet. Der Maßstab ist immer auf der Karte angegeben.

5 Er zeigt an, wie lang eine Strecke, die man auf der Karte gemessen hat, in Wirklichkeit ist.

1049Fa © Schroedel

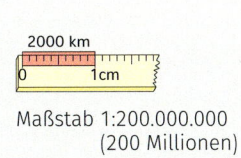

Maßstab 1:200.000.000 (200 Millionen)

Die Deutschlandkarte von Seite 58 hat den Maßstab 1:5 000 000 (sprich: eins zu 5 Millionen). Das bedeutet: 1 cm auf der Karte sind 5 000 000 Meter oder 50 Kilometer in der Wirklichkeit.

1049Fb © Schroedel

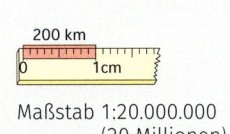

Maßstab 1:20.000.000 (20 Millionen)

1049Fd © Schroedel

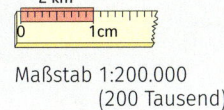

Maßstab 1:200.000 (200 Tausend)

c Schau dir die Ergebnisse aus Aufgabe 5 noch einmal an. Lies die Zentimeter-Angaben und rechne sie in Kilometer um.

(1) Mannheim → Köln: _3,5_ cm _175_ km
(2) Köln → Hamburg: _____ cm _____ km
(3) Hamburg → Berlin: _____ cm _____ km
(4) Berlin → Dresden: _____ cm _____ km
(5) Dresden → Frankfurt am Main: _____ cm _____ km

d Berichte.

Von Mannheim nach Köln sind es 175 Kilometer. ...

e Vergleiche die Strecken: Welche ist länger, welche ist kürzer?

Die Strecke von Köln nach Hamburg ist ... Kilometer lang.
Sie ist länger/kürzer als die Strecke von ....

kurz – kürz**er** (als) – **am** kürze**sten**
lang – läng**er** (als) – **am** läng**sten**

f Wie viele Kilometer lang ist die Deutschlandtour von Bülent Ceylan insgesamt? Addiere die Kilometer.

Deutschland und seine Bundesländer

   ▶ **1 a Schau dir die Karte und die Tabelle an. Welche Informationen bekommst du? Sprecht darüber.**

Dezimalzahlen aussprechen
10,87 sprich: zehn Komma acht sieben

Bundesland	Fläche in km²	Einwohner in Mio (31.12.2015)
Baden-Württemberg	35 751	10,87
Bayern	70 550	12,84
Berlin	892	3,52
Brandenburg	29 654	2,48
Bremen	419	0,67
Hamburg	755	1,78
Hessen	21 115	6,17
Mecklenburg-Vorpommern	23 213	1,61
Niedersachsen	47 614	7,92
Nordrhein-Westfalen	34 110	17,86
Rheinland-Pfalz	19 854	4,05
Saarland	2 569	0,99
Sachsen	18 420	4,08
Sachsen-Anhalt	20 451	2,24
Schleswig-Holstein	15 802	2,85
Thüringen	16 202	2,17
Deutschland	**357 375**	**82,1**

b Beschreibe einige Bundesländer.

Beispiel: Baden-Württemberg ist 35751 Quadratkilometer groß.
Es hat 10,87 Millionen Einwohner.

c Vergleiche die Bundesländer.

Beispiel:
Bayern ist größer als Nordrhein-Westfalen.
Hamburg hat mehr Einwohner als Bremen.

d Beantwortet die Fragen:

· Welches Bundesland ist am größten?
· Welches Bundesland ist am kleinsten?
· Welches Bundesland hat die meisten Einwohner?
· Welches Bundesland hat die wenigsten Einwohner?

> groß – größ**er** (als) – am größ**ten**
> wenig – wenig**er** (als) – **am/die** wenigsten
> viel – mehr (als) – **am/die** meisten**!**

2 Lies den Text und beantworte die Fragen.

Deutschland ist 357 375 Quadratkilometer groß. Es besteht aus
16 Bundesländern. Die Bundesländer Bremen, Hamburg und Berlin
sind klein. Sie bestehen nur aus der Stadt und der näheren Umgebung. Deswegen heißen sie Stadtstaaten. Die 13 anderen Bundes-
5 länder sind viel größer. Sie sind Flächenstaaten. Jedes Bundesland
hat eine Hauptstadt. Diese Hauptstadt heißt Landeshauptstadt,
z. B. ist München die Landeshauptstadt von Bayern.
Berlin ist etwas Besonderes: Berlin ist
1. ein Bundesland,
10 2. die Landeshauptstadt dieses Bundeslandes und
3. die Hauptstadt der Bundesrepublik Deutschland.

	richtig	falsch
Bremen ist ein Stadtstaat.	○	○
Flächenstaaten sind größer als Stadtstaaten.	○	○
In Deutschland gibt es 16 Flächenstaaten.	○	○
Berlin hat mehrere Funktionen.	○	○

▶ **3 Schau dir die Deutschlandkarte noch einmal an und suche die Landeshauptstadt von jedem Bundesland. Ergänze die Tabelle.**

Bundesland	Landeshauptstadt
Baden-Württemberg	Stuttgart
Bayern	
Berlin	
Brandenburg	
Bremen	
Hamburg	
Hessen	
Mecklenburg-Vorpommern	
Niedersachsen	
Nordrhein-Westfalen	
Rheinland-Pfalz	
Saarland	
Sachsen	
Sachsen-Anhalt	
Schleswig-Holstein	
Thüringen	

Bundesländer beschreiben
· (Bundesland) liegt…im Norden / Osten / Süden / Westen / in der Mitte von Deutschland.
· Die Landeshauptstadt von (Bundesland) ist ….
· (Bundesland) hat eine Fläche von … Quadratkilometern. /
· (Bundesland) ist … Quadratkilometer groß.
· (Bundesland) hat … Einwohner.

 ▶ **4 Beschreibe dein Bundesland. Schreibe einen kurzen Text.**

Beginne so: Ich wohne in …
　　　　　　Das Bundesland …

  ▶ **5 Quiz: Welches Bundesland ist gemeint?**
Stelle mit einem Partner / einer Partnerin Informationen zu einem Bundesland zusammen. Tragt die Infomationen vor, aber verratet nicht den Namen. Die anderen raten.

Mein Bundesland hat … Einwohner. Es …

Phonetik: Wortgruppenakzent

6 a Höre auf den Rhythmus. Unterstreiche das betonte Wort. ◀ 👂 🔊 ▶ 1.26 📖

Mecklenburg-Vorpommern
Baden-Württemberg
Nordrhein-Westfalen
Sachsen-Anhalt
Rheinland-Pfalz

b Vervollständige den Satz: ◀ 📖

Bei den Bundesländer-Namen ist immer das _____ Wort betont.
Eine ähnliche Regel gibt es auch für Buchstabenwörter. In Buchstaben-
wörtern wird immer das letzte Element betont.

c Sprich die Beispiele und achte auf die richtige Betonung. ◀ 💬

BRD – Bundesrepublik Deutschland
NRW – Nordrhein Westfalen
KFZ – Kraftfahrzeug
ADAC – Allgemeiner Deutscher Automobil-Club
DB – Deutsche Bahn

d Nimm die Beispiele mit deinem Handy auf. Höre dann, wie der Sprecher auf der CD betont. Klingt es gleich? ◀ 👂 🔊 ▶ 1.27 💬

**7 Im Deutschen gibt es viele Buchstabenwörter.
Schau dir die Abkürzungen in der Tabelle an. Recherchiere die Langform und trage sie in die Tabelle ein. Ergänze auch die Erklärung aus dem Kasten rechts. Lies die Wörter laut vor.** ◀ 📖 📖 💬

Buchstabenwort	Langform	Das ist …
ICE	Intercity Express	ein Zugtyp
DRK		
ZDF		
DFB		
VHS		
SMS		

eine Fernsehanstalt

eine Hilfsorganisation

ein Dachverband

eine Bildungsinstitution

ein Telekommunikations-dienst

~~ein Zugtyp~~

Naturraum Deutschland

  ▶ **1 a** Schau dir das Foto an und überlege: Wer sind die jungen Leute? Was machen sie? Notiere in dein Heft.

 1.28 ▶ **b** Höre zu. Beantworte die Fragen aus Aufgabe 1. Stimmen deine Vermutungen aus 1a?

  1.28 ▶ **c** Höre den Text noch einmal. Notiere die Stationen der Reise.

Start: Kiel

                    …

  ▶ **2** Abenteuer Interrail: Eva, Hans-Christian und Elisabeth schreiben auf ihrem Blog über ihre Reise und posten Fotos.

a Lies die Texte und mache eine Tabelle zu den Stationen. Notiere zu jedem Tag Start und Ziel und Besonderheiten auf der Strecke.

	Start – Ziel	Besonderheiten
Tag 1	Kiel (Beginn der Reise)	– in Schleswig-Holstein – Nord- und Ostsee – Touristen – …
Tag 2	Kiel – Hamburg	…
Tag 3	Hamburg …	…

1. Tag: Unsere Reise beginnt in Kiel, im nördlichsten Bundesland: Schleswig-Holstein. An den Küsten von Nord- und Ostsee machen viele Leute Urlaub. Es gibt hier entlang der Küste viele Wiesen und Weiden. Wir sehen eine Menge Schafe und auch Kühe. Die Landschaft ist sehr flach.

2. Tag: Heute besuchen wir Hamburg. Wie aufregend! Hamburg hat einen großen Seehafen – wir haben eine Hafenrundfahrt gemacht und auf dem Fischmarkt Fischbrötchen gegessen. Hm – lecker!!!

3. Tag: Von Hamburg nach Bremen. Erinnert ihr euch noch an das Märchen von den Bremer Stadtmusikanten? Wir haben es in der 6. Klasse gelesen. Bremen liegt an der Weser und hat – man glaubt es kaum – 600 Brücken. Die haben wir aber nicht alle überquert. Wir waren im Überseemuseum und in der wunderschönen Altstadt.

4. Tag: Von Bremen aus sind es etwa 130 Kilometer bis nach Hannover. Wir haben heute einen langsamen Zug genommen und sind ganz gemütlich durch die Heide gefahren. Es gibt so schöne Seen hier – zum Verlieben! Hannover ist eine Messestadt. Ihr kennt die Stadt sicher durch die Computermesse CEBIT. Übrigens ändert sich die Landschaft hier – vom Norddeutschen Tiefland geht es über ins Mittelgebirge.

5. Tag: Heute sind wir ein großes Stück gefahren – nämlich bis Köln am Rhein. Zuerst ist die Landschaft noch relativ flach, aber dann wird es hügelig, und man sieht Berge mit dichten Wäldern. Das Ruhrgebiet ist ein bedeutendes Industriegebiet – das größte Industriegebiet in Europa. Wow! Köln hat einen imposanten Dom – und ist die Stadt des „Eau de Cologne", was so viel heißt wie „Wasser aus Köln". Die Parfümfabrik gibt es heute noch.

6. Tag: Von Köln aus sind wir mit einem EC nach Freiburg gereist. Wie romantisch! Wir sind den Rhein entlang gefahren, durch das schöne Rheintal, vorbei an Weinbergen, Burgen aus dem Mittelalter, durch kleine Städte. Nächstes Jahr machen wir eine Reise mit dem Schiff – von Rotterdam nach Basel, ganz bestimmt!

7. Tag: Wir sitzen ganz gemütlich oben auf dem Schauinsland und chillen ... Der Schauinsland ist der Hausberg von Freiburg. Er ist 1284 Meter hoch. Und wir haben Glück: Das Wetter ist klar. Wir schauen auf der einen Seite herunter auf Freiburg, und auf der anderen Seite kann man die Schweizer Alpen sehen – sensationell!!

Morgen geht es weiter. Dann fahren wir mit dem Zug durch den Schwarzwald über Donaueschingen an den Bodensee und von dort aus schließlich nach München. Okay, das dauert lange, aber die Landschaft – das Alpenvorland – ist wirklich sehenswert. Wir melden uns wieder ...

b Mache aus deinen Notizen in der Tabelle einen Vortrag.

Beginne so: Eva, Elisabeth und Hans Christian kommen aus Norwegen. Sie haben im Herbst eine Reise durch Deutschland gemacht. ...

Wir	**haben**	eine Rundfahrt	**gemacht**.
Wir	**sind**	mit dem Zug	**gereist**.

Phonetik: ö und ü

1.29 **3 a Höre die Wortpaare. Hörst du im ersten Wort ein *ü*, oder im zweiten Wort? Hebe für das erste Wort einen Arm. Hebe für das zweite Wort beide Arme.**

1.30 **b Höre die Wörter mit *ü* und wiederhole sie.**

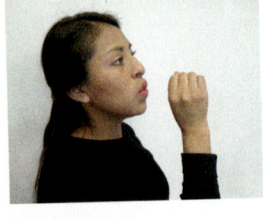

Das hilft dir bei der Aussprache
Sprich *MUS* mit sehr langem m und langem u. Runde und stülpe dabei die Lippen und mache die Geste wie auf dem Foto. Bewege nicht die Lippen, sondern lasse sie rund und gestülpt. Sprich jetzt das Wort mit einem langen i. Du hörst *MMÜÜs*. Sprich dann *MMÜÜse* und danach *geMMÜÜse*.

1.31 **4 a Höre die Wortpaare. Hörst du im ersten Wort ein *ö*, oder im zweiten Wort? Hebe für das erste Wort einen Arm, für das zweite Wort beide Arme.**

1.32 **b Höre die Wörter mit *ö* und wiederhole sie.**

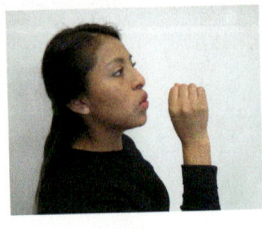

Das hilft dir bei der Aussprache
Sprich *wohnen* mit sehr langem w und langem o. Runde und stülpe dabei die Lippen und mache die Geste wie auf dem Foto. Bewege nicht die Lippen, sondern lasse sie rund und gestülpt. Sprich jetzt das Wort mit einem langen e. Du hörst *WWÖÖnen*. Sprich dann *WWÖÖnen* und danach *geWWÖÖnen*.

5 a Bei welcher Nummer hörst du ein *ö* oder ein *ü*? Bei welcher Nummer hörst du kein *ö* oder *ü*? Trage die Nummer in die richtige Spalte ein.

Nr.	ö oder ü (+)	kein ö oder ü (–)
1		
2		
3		
4		
5		
6		
7		
8		

b Addiere die Zahlen. Wenn das Ergebnis = 20 ist, hast du richtig gehört.

6 Finde den Plural. Sprich das Wort dann laut und mache die Geste dazu.

Singular	Plural
Fuß	
Wort	
Vogel	
Gruß	
Ofen	

7 Lest das Gedicht "Briefwechsel" zu zweit. Einer liest die Zeilen 1 und 3, der andere die Zeilen 2 und 4. Nehmt das Gedicht mit einem Handy auf. Vergleicht danach mit der Aufnahme auf der CD.

1 Die Hände schreiben an die Füße:
2 „Von hier oben viele Grüße!"
3 Die Füße schreiben gleich zurück:
4 „Von hier unten ganz viel Glück!"

(Paul Maar)

Arbeitswelten

1 Einkaufen

 a Wo kaufst du Lebensmittel wie Eier, Brot und Gemüse ein? Berichte.

 **b Lies die Texte. Wo kaufen die Schülerinnen und Schüler ein?**

Joshua: „Wir kaufen im Supermarkt ein. Dort kann man Gemüse und Obst aus aller Welt zu jeder Jahreszeit kaufen. Außerdem ist das billiger."

Manuel: „Wir holen Gemüse und Obst auch manchmal beim Bauern, denn da bekommt man Sorten, die es im Supermarkt überhaupt nicht gibt."

Malu: „Wir kaufen unser Gemüse und Obst direkt beim Bauern. Allerdings kann man nicht immer alles kaufen, sondern immer das, was gerade Saison hat. Aber die Sachen sind immer frisch."

 **c Vergleiche: Einkauf im Supermarkt und Einkauf beim Bauern – welche Unterschiede gibt es? Berichte in der Klasse.**

2 Besuch auf dem Bauernhof

Die Klasse 7a besucht den Bauernhof von Herrn Ehlers. Herr Ehlers hat einen Bauernhof in Rheinland-Pfalz.
Die Schüler und Schülerinnen wollen wissen: Wie lebt man auf einem Bauernhof? Welche Arbeiten muss man machen?

 **a Schau den Betriebsspiegel an und informiere dich über den Ehlers-Hof.**

Der Ehlers-Hof in Rheinland-Pfalz

Der Ehlers-Hof

Betriebsgröße	100ha
Bodennutzung	
Ackerland 50ha	
davon Mais	15ha
Getreide	20ha
Grünland	15ha
Tiere	
_____	
_____	
Arbeitskräfte	
_____	
_____	
_____	

Betriebsspiegel

  ▶ 1.35 ▶ **b Höre das Interview und ergänze den Betriebsspiegel.**

3 Die Arbeit auf dem Bauernhof
a Schau die Bilder an und lies den Text.

Herr Ehlers erklärt:

Meine Frau beginnt ihren Tag im Büro (Bild 1): E-Mails lesen, Wetterdaten prüfen, mit den Händlern telefonieren. Danach hilft sie mir manchmal auch draußen auf dem Feld.

Bild 1

Früher haben viele Menschen auf einem Bauernhof gearbeitet. Heute ma-
5 chen Maschinen die Arbeit. Man nennt das Mechanisierung. Die Maschinen, mit denen ich arbeite, gehören mir. Sie müssen gepflegt, gewartet und repariert werden (Bild 2).

Bild 2

Auch elektronische Medien helfen heute bei der landwirtschaftlichen Arbeit. Das Internet gibt nützliche Informationen, zum Beispiel aktuelle Wettervor-
10 hersagen. Und wenn es nötig ist, kann ich mit meinem Smartphone die Beregnungsanlagen aktivieren (Bild 3).

Bild 3

b Vergleicht:

- die Arbeiten von Herrn und Frau Ehlers.
- die Arbeit auf dem Bauernhof früher und heute.

Arbeitet in Gruppen und berichtet euch gegenseitig.

Zeitdauer
0,5 h: *sprich* eine halbe Stunde
1,5 h: *sprich* eineinhalb Stunden
…

4 Das macht Herr Ehlers täglich.
a Schau dir die Grafik an. Was macht Herr Ehlers wann? Wie lange dauern die Tätigkeiten? Berichte.

Einen Tagesablauf beschreiben
Morgens …
Dann …
Danach …
Mittags …
Am Nachmittag …
Um … Uhr …,
Von … Uhr bis … Uhr … .

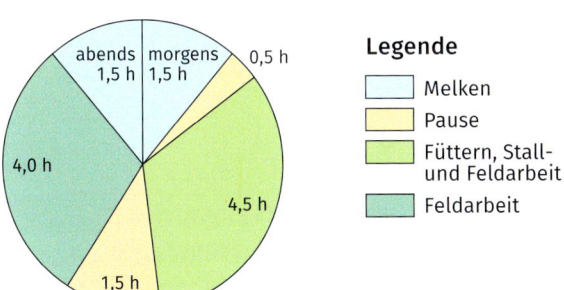

Legende
- Melken
- Pause
- Füttern, Stall- und Feldarbeit
- Feldarbeit

Morgens melkt Herr Ehlers seine Kühe. Das dauert eineinhalb Stunden.
…

Im Automobilwerk

  ▶ **5 Lies den Text und löse die Aufgabe. Richtig oder falsch? Entscheide.**

Hallo, ich heiße Berat Korkmaz.
Ich bin Auszubildender im dritten Lehrjahr im Automobilwerk in Zwickau. Ich werde KFZ-Mechatroniker. Ich erkläre euch, wie ein Auto gemacht wird.

Berat Korkmaz arbeitet ...
○ ... in der Autoindustrie.
○ ... in einem Auto-Geschäft.

Berat ...
○ ... lernt einen Beruf.
○ ... ist Student.

Berat erklärt...
○ ... die Produktion eines Autos.
○ ... die Reparatur eines Autos.

Ein Auto besteht aus vielen Bauteilen.

 💬 ▶ **6 Schau dir die Abbildung an. Welche Teile hat ein Auto? Beschreibe.**

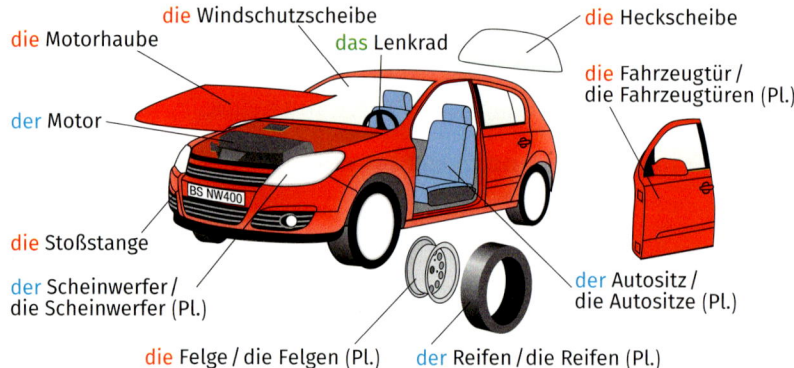

die Windschutzscheibe
die Motorhaube
das Lenkrad
die Heckscheibe
die Fahrzeugtür / die Fahrzeugtüren (Pl.)
der Motor
die Stoßstange
der Scheinwerfer / die Scheinwerfer (Pl.)
der Autositz / die Autositze (Pl.)
die Felge / die Felgen (Pl.)
der Reifen / die Reifen (Pl.)

Ein Auto hat eine Motorhaube, ...

Damit aus den einzelnen Bauteilen ein Auto entsteht, sind viele Arbeitsschritte notwendig. Eine Automobilfabrik ist sehr groß: Es gibt mehrere Hallen. In diesen Hallen wird die Karosserie des Autos produziert. Die meisten Teile des Autos werden aber nicht hier produziert, sondern von anderen Firmen gemacht. Wir bauen sie dann hier im Automobilwerk ein.
Wie baut man ein Auto? Das geschieht in 5 Arbeitsschritten.

7 a Lies die Texte. Schreibe Schlüsselwörter zu jedem Abschnitt heraus.

Arbeitsschritt 1: Das Presswerk

Im Presswerk formt man Teile aus Stahlblech für die Karosserie. Das machen Roboter. Ein Arbeiter steuert die Roboter per Computer.

Arbeitsschritt 2: Der Karosseriebau

Ein Band transportiert die gepressten Autoteile in die nächste Halle. Auch dort arbeiten Roboter. Die Roboter kleben, schweißen oder schrauben die Teile zusammen: das „Skelett" des Autos entsteht. Das ist die Karosserie.

Arbeitsschritt 3: Die Lackiererei

Das Band transportiert die Karosserie in die nächste Halle – die Lackiererei. In der Lackiererei bekommt die Karosserie Farbe. Auch diese Arbeit machen Roboter. Das ist auch gut so, denn die Farbe ist nicht gut für die Gesundheit.

Bis zu Arbeitsschritt drei sind nur wenige Menschen an der Produktion beteiligt. Computer machen die Arbeit. Aber Menschen programmieren und kontrollieren die Computer.

Arbeitsschritt 4: Die Endmontage
Wenn die Karosserie fertig ist, kommen die restlichen Teile
in und an das Auto: Sitze, Scheiben, Räder usw. Diese Teile
kommen aus anderen Fabriken. Bei der Endmontage arbeiten Roboter und Arbeiter. Der Einbau jedes Einzelteils dauert immer nur ein paar Minuten.

Arbeitsschritt 5: Die Endkontrolle
Zuletzt prüft man, ob das Auto Fehler hat. Die Prüfer ma-
chen eine Probefahrt und testen zum Beispiel Bremsen und
Licht. Wenn alles in Ordnung ist, dann kann das Auto die
Fabrik verlassen.
Der Zusammenbau der Karosserie dauert insgesamt 13
Stunden.

 ▶ **b Trage die Schlüsselwörter in die Tabelle ein. Was wird bei jedem
Arbeitsschritt getan? Schreibe pro Arbeitsschritt einen Satz.**

Arbeitsschritt / Station	Das wird gemacht:
1	Roboter formen im Presswerk Autoteile aus Stahlblech.
2	
3	
4	
5	

  ▶ **c Welche Arbeiten machen Roboter? Welche Arbeiten machen
Menschen? Erstelle eine Liste. Erkläre: Warum ist das so?**

Roboter:
– Autoteile für die Karosserie
  formen.

Menschen:
– Arbeit der Roboter
  kontrollieren.

8 a Schau dir die Fotos an.
Was machen die junge Frau und der junge Mann? Welchen Beruf haben sie? Tauscht euch darüber aus.

b Höre das Interview mit der jungen Frau.
Beantworte die Fragen. Notiere jeweils 1-2 Stichpunkte.
Schreibe in dein Heft.

· Warum wird Kristina Verkäuferin?
  Sie mag ... / Sie arbeitet gern ...
· Wo bekommt man Informationen zum Beruf Verkäuferin?
· Was ist wichtig bei der Bewerbung?
· Welche Arbeiten macht Kristina in ihrer Ausbildung?
· Welche Eigenschaften braucht eine Verkäuferin?
· Wieviel verdient eine Verkäuferin?

9 Schau dir die Statistik an. Welche Berufe sind beliebt? Was werden
junge Frauen, was werden junge Männer am liebsten?

Die beliebtesten Berufe junger Frauen im Jahr 2016
1. Kauffrau für Büromanagement
2. Kauffrau im Einzelhandel
3. Medizinische Fachangestellte
4. Verkäuferin
5. Industriekauffrau

Die beliebtesten Berufe junger Männer im Jahr 2016
1. Kfz-Mechatroniker
2. Kaufmann im Einzelhandel
3. Industriemechaniker
4. Elektroniker
5. Anlagenmechaniker für Sanitär, Heizung und Klima

Quelle: Statistisches Bundesamt 2016

Bei den jungen Frauen ist der Beruf „Bürokauffrau" am beliebtesten.
Bei den jungen Männern ...

Rangfolgen beschreiben
... ist am beliebtesten.
... steht an erster / zweiter / dritter Stelle.
Danach folgt...
... steht auf Platz 1 / 2 / ....

Wirtschaften in Deutschland

> Schau dir das Bild an (M1). Welche Berufe erkennst du? Mache eine Liste. Schreibe in dein Heft. Benutze ein Wörterbuch.

M1 **Auf einer Straße einer Stadt am frühen Morgen**

Dienstleistungen – einer von drei Wirtschaftsbereichen

Obwohl einige Berufsgruppen nichts anbauen oder ernten und auch nichts herstellen, sind sie ein wichtiger Bereich der Wirtschaft. Jedem von uns begegnet der **Wirtschaftsbereich Dienstleistungen** viele Male am Tag. Wo aber begegnen uns die Dienste am Menschen?

> Lies den Text (M2). Er erklärt, was Dienstleistungen sind.
>
> Welchen Dienstleistungen begegnet Tim (M4)?

Zu den Dienstleistungen gehören alle wirtschaftlichen Tätigkeiten, die der Versorgung und Betreuung von Menschen dienen. Dazu zählen eine Vielzahl von ganz unterschiedlichen Berufen und Branchen – zum Beispiel der **Handel**, der Verkehr, das Nachrichtenwesen, die Bildung, kulturelle Leistungen, die Verwaltung und die medizinische Versorgung.

Der Dienstleistungsbereich ist somit nicht durch die Produktion von Gütern geprägt, sondern durch persönliche Leistungen. So bedient in einer Bank der Bankange-stellte den Kunden. Der Polizist „dient", indem er für Recht und Ordnung sorgt, und der Rechtsanwalt vertritt die Anliegen der Bürger vor Gericht.

M2 **Was versteht man unter Dienst-leistungen?**

Aufgaben

1 Arbeite alle Dienstleistungen und Dienstleistungsberufe heraus, denen Tim begegnet (M4).

2 Betrachte das Wimmelbild M1. Ergänze deine Liste mit weiteren Dienstleistungen.

3 a) Nenne die Wirtschaftsbereiche (M6).

b) Ordne die Berufe den Wirtschafts-bereichen zu: Kellner, Förster, Tischler, Elektriker, Banker, Fischer (M6, Zusatz: App).

4 a) Beschreibe die Verteilung der Erwerbstätigen in den Wirtschaftsbereichen in den Jahren 1850, 1950 und 2014 (M3).

b) Ordne je zwei Aussagen aus M5 den Jahren 1850, 1950 und 2014 (M3) zu.

c) Erkläre, warum sich die Verteilung der arbeitenden Menschen in den Wirtschafts-bereichen verändert hat (M3, M5).

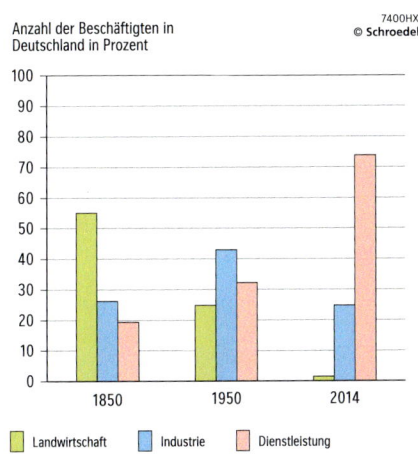

Anzahl der Beschäftigten in
Deutschland in Prozent

7400HX
© Schroedel

■ Landwirtschaft ■ Industrie ■ Dienstleistung

M3 Wie viele Menschen arbeiten in den Wirtschaftsbereichen?

1. Maschinen erleichtern die Arbeit auf dem Feld. Immer weniger Menschen arbeiten in der Landwirtschaft.

2. Die Lebensbedingungen haben sich verbessert: Mehr Geld und Freizeit ermöglichen z. B. Kino- und Theaterbesuche, Essengehen, Shoppen und Reisen.

3. Die meisten Menschen arbeiten auf dem Feld. Maschinen gibt es nicht.

4. Die menschliche Arbeitskraft wird in den Fabriken immer öfter durch Maschinen ersetzt.

5. Viele Menschen wohnen auf dem Land und leben vom Ertrag ihrer Felder.

6. Immer mehr Menschen, die in der Landwirtschaft nicht mehr gebraucht werden, arbeiten in Fabriken. Die Industrie wächst.

M5 Menschen aus verschiedenen Zeiten berichten

Gegen 6.30 Uhr steht Tim auf und macht sich fertig für die Schule. Seine kleine Schwester darf weiterschlafen. Sie geht noch in den Kindergarten. Auf dem Weg zur Schule kauft sich Tim noch eine Brezel bei Frau Brenner. Sie ist Bäckereifachverkäuferin und kennt seine Vorliebe für knusprige Brezeln.

Um 7.45 Uhr beginnt der Unterricht. Er hat bei Frau Müller, Frau Schmidt und Herrn Reiser jeweils zwei Stunden Unterricht in Deutsch, Musik und Geographie. Geographie macht ihm am meisten Spaß. In der Pause kauft er sich beim Hausmeister einen Apfel und einen Schokoriegel.

Heute Nachmittag hat er keinen Unterricht. Aber seine Mutter hat für ihn einen Zahnarzttermin vereinbart. Die Zahnarzthelferin macht bei ihm vor der Untersuchung eine Zahnreinigung. Das gefällt Tim gar nicht. Umso mehr aber freut er sich auf die Zeit danach: Schnell läuft Tim zum Bus und fährt zum Kino. Er hat sich um 16.30 Uhr mit seinem Freund verabredet. Am Abend liegt Tim glücklich in seinem Bett. Auf die nächsten beiden Tage freut er sich besonders. Dann ist Wochenende.

M4 Ein Tag in Tims Leben

Allein in den letzten hundert Jahren sind viele neue Berufe entstanden. Schaut man aber genauer hin, lässt sich die Fülle an Berufen in drei Bereiche untergliedern.

| erster Wirtschaftsbereich (Urproduktion) Landwirtschaft, Bergbau, Forstwirtschaft, Fischerei | zweiter Wirtschaftsbereich Industrie, verarbeitendes Gewerbe, Handwerk |

Wirtschaftsbereiche

dritter Wirtschaftsbereich
Dienstleistungen
(Tätigkeiten zur Versorgung und Betreuung von Menschen)

M6 Die drei Wirtschaftsbereiche

Schau dir die Abbildung (M6) an. Ordne die Berufe aus deiner Liste von Seite 74 den Wirtschaftsbereichen zu.
In welchem Bereich sind die meisten Berufe?

A ▸ Meine Stadt

1 a Was seht ihr? Beschreibt die Mind-Map.

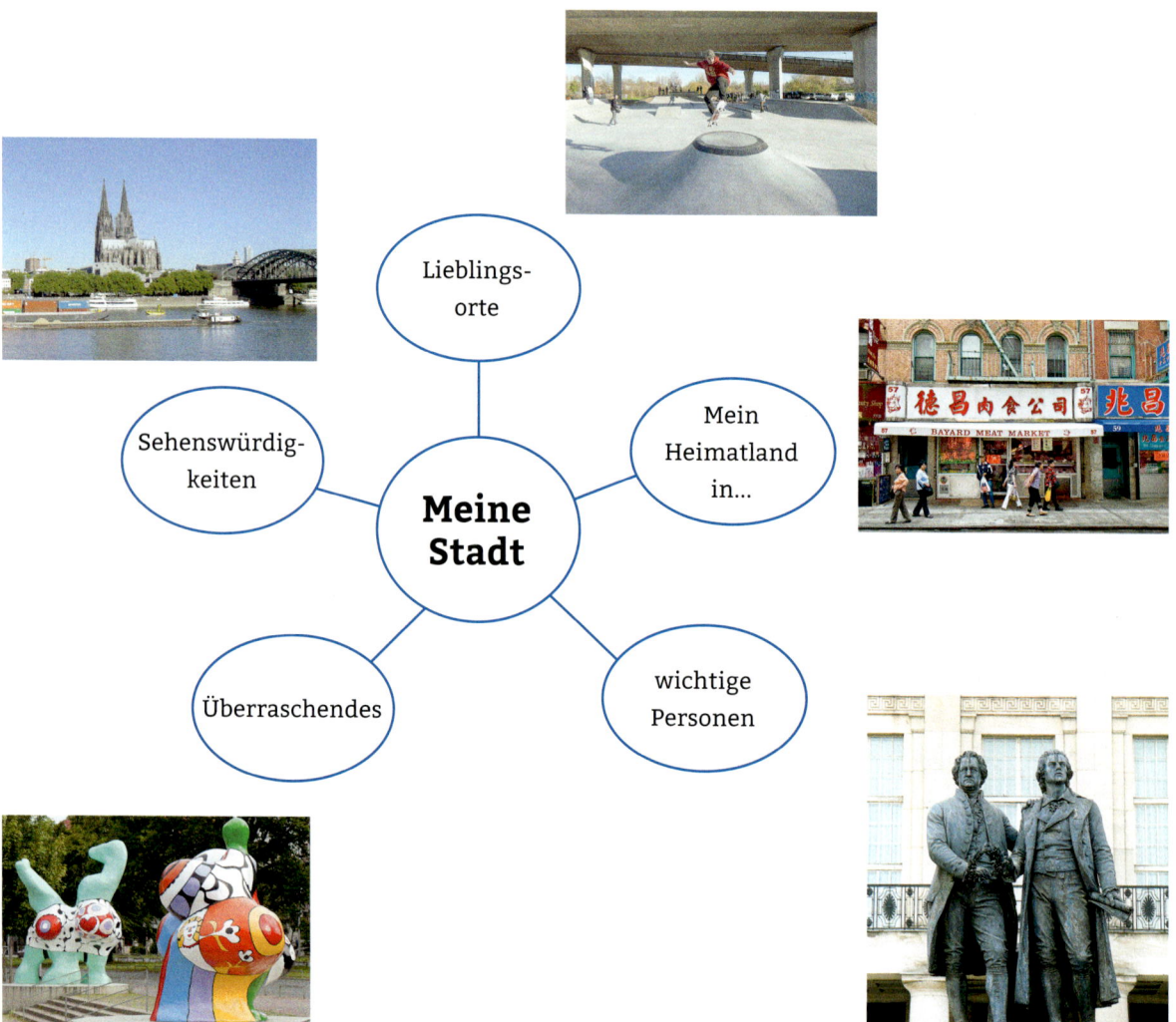

b Wie würde die Mind-Map von deinem Schulort aussehen? Sprecht in der Klasse darüber.

· Welche Sehenswürdigkeiten gibt es?
· Was ist dein Lieblingsort?
· Welche bekannten Personen kommen von dort? Wer ist die wichtigste Person für dich?
· Was überrascht dich? / Was hat dich am Anfang überrascht?
· Gibt es einen Ort, der dich an deine Heimat erinnert?
· Welche Unternehmen gibt es in deiner Stadt? Was wird dort produziert?

2 Präsentiert eure Stadt. So könnt ihr vorgehen.

1. Vorbereitung
Bildet Gruppen. Sucht euch eines der Themen der Mind-Map aus, zum Beispiel „Mein Lieblingsort" und überlegt euch Inhalte zum Thema.

2. Durchführung
Sammelt Informationen zu den Inhalten. Geht raus in die Stadt und macht Fotos, dreht Filme, befragt andere Leute…

Recherchiert auch im Internet oder in der Schul- oder Stadtbibliothek.

3. Präsentation
Erstellt ein Plakat oder eine Power-Point-Präsentation. Stellt eure Ergebnisse vor.

Tipp: Ihr könnt auch verschiedene Computerprogramme wie padlet oder prezi nutzen.

3 Bewertung

Tauscht euch über die Ergebnisse aus. Vergebt Smileys.
Nutzt die Redemittel „etwas bewerten".

Etwas bewerten / beurteilen
Positiv
Die Präsentation von … und … finde ich (sehr) gut / interessant / spannend / toll.
Die Präsentation / Das Poster von … gefällt mir gut / sehr gut.
Negativ
Die Präsentation von …. und … finde ich nicht so gut /nicht so interessant / nicht so spannend / langweilig.
Die Präsentation / Das Poster von … gefällt mir nicht so gut / gar nicht.

 ▶ S. 190
S. 203

Das Perfekt

Das Perfekt verwenden wir, wenn wir über die Vergangenheit sprechen. Zum Beispiel über etwas, das gestern, letzte Woche, vor einem Jahr passiert ist.

Perfekt mit sein:

A → B
Bewegung von einem Ort zu einem anderen Ort.

	Position 2		Satzende
Ich	habe	das Märchen	gelesen.
Du	hast	viele Schafe	gesehen.
Er	hat	ein Fischbrötchen	gegessen.
Wir	sind	mit dem Zug	gefahren.
Ihr	seid	weit	gereist.
Sie	sind	auf den Berg	gewandert.

GR ▶ S. 198

Steigerung von Adjektiven (Komparation)

klein	klein**er**	**am** klein**sten**
wenig	wenig**er**	**am** wenig**sten**
lang	läng**er**	**am** läng**sten**
groß	größ**er**	**am** größ**ten**

Achtung:
viel – mehr – am meisten

Bremen ist groß. Berlin ist größer. Bayern ist am größten. Bayern ist das größte Bundesland.

Wer ist am schnellsten?
Das Känguru, der Hase oder der Floh?

Wichtige Wörter und Wendungen

Das kann ich:

Das Datum sagen
Am 2. Mai ist Bülent Ceylan in ...

Geographisch Informationen geben / Himmelsrichtungen und Lagen benennen
... liegt im Westen / Osten / Süden / in der Mitte von Deutschland.

Entfernungen angeben
Die Strecke von ... nach ... ist 200 km lang / beträgt 200 km.

Informationen aus Tabellen und Grafiken versprachlichen
Das Bundesland ... hat eine Fläche von ...
... hat ... Einwohner.
Die (Landes)Hauptstadt von ... ist ...

Informationen vergleichen
Niedersachsen ist größer als Schleswig-Holstein.
Das Bundesland mit den wenigsten Einwohnern ist ...

Über die Vergangenheit sprechen
Wir haben eine Rundfahrt gemacht.
Die Jugendlichen sind mit dem Zug gereist. ...

Berufe benennen und sie Wirtschaftsbereichen zuordnen
Bauer, Mechatronikerin, Verkäufer ...
Diese Berufe gehören zu den Dienstleistungen:...

Tätigkeiten und Arbeitsabläufe beschreiben
Morgens melkt Herr Ehlers seine Kühe. Danach...
Roboter formen Autoteile aus Stahlblech. ...
Das sind die Aufgaben einer Verkäuferin: Regale auffüllen, Waren bestellen,
...

Rangfolgen beschreiben
An erster Stelle steht... . Danach folgt ...

Eine Präsentation oder ein Plakat machen und mit einfachen Worten erläutern
In meiner Stadt gibt es viele Sehenswürdigkeiten. ...
Ich möchte euch meinen Lieblingsort vorstellen. ...

Eine Präsentation oder ein Plakat nach bestimmten Kriterien beurteilen
Die Präsentation von ... gefällt mir gut / nicht so gut.

4 Freizeit

  ▶ **1 Schau dir die Bilder an. Was machen die Jugendlichen?**

Basketball spielen.

...

 ▶ 1.37   ▶ **2 Höre zu. Welche Aktivitäten erkennst du?**

ⓘ ▶ **In diesem Kapitel lernst du:**

▸ über Freizeitaktivitäten sprechen und dich mit Freunden verabreden
▸ Wochenprogramme und Terminkalender lesen
▸ etwas begründen
▸ Zeitungsartikeln und literarischen Texten zentrale Informationen entnehmen
▸ über Bücher sprechen und eine Buchvorstellung halten

Das kannst du in deiner Freizeit machen

1 **Schau dir das Bild an. Wo sind die Jugendlichen? Was machen sie?**

2 a **Höre das Gespräch auf dem Schulhof. Worüber sprechen die Jugendlichen? Entscheide.**

○ über den Unterricht und die Lehrer.
○ über einen Mathematiktest.
○ über ihre freie Zeit nach der Schule.

▶ 1.38

b **Höre noch einmal. Richtig oder falsch? Entscheide.**

	richtig	falsch
Denis möchte nach der Schule Billard spielen.	○	○
Naima kann sehr gut Billard spielen.	○	○
Das Billardcafé ist in der Nähe der Schule.	○	○
Sarah und Naima müssen für Mathe lernen.	○	○

3 **Was machst du direkt nach der Schule? Tausche dich mit einer Partnerin / einem Partner aus.**

nach Hause gehen   in die Mensa gehen   zu Mittag essen   in die Stadt gehen

einen Freund / eine Freundin besuchen   die Hausaufgaben machen   zum Sport gehen

4 **Schau dir die Bilder an. Welche Freizeitaktivitäten zeigen sie?**
Ordne zu.

kochen   fotografieren   Musik hören   Fußball spielen   Gitarre spielen

singen   ins Kino gehen   sich mit Freunden treffen   lesen   Billard spielen

Volleyball spielen   chatten   chillen   im Internet surfen

5 **Wie findest du diese Freizeitaktivitäten? Bewerte sie mit den**
Smileys und berichte in der Klasse.

Freizeitaktivitäten	Bewertung
kochen	
Fußball spielen	
ins Kino gehen	
lesen	
Billard spielen	
Volleyball spielen	
chatten	
Gitarre spielen	
singen	
Musik hören	
fotografieren	
mit Freunden treffen	
chillen	
im Internet surfen	

☺☺ *finde ich sehr gut*

☺ *finde ich gut*

😐 *finde ich nicht so gut*

☹ *finde ich gar nicht gut*

Beispiel: Kochen finde ich nicht so gut. …

6 a Fragt euch gegenseitig:

- Was machst du (gern) in deiner Freizeit?
- Was machst du nicht (gern)?
- Was möchtest du gern machen?

Kochst du gern?
Ja, ich koche gern. /
Nein, ich koche **nicht** gern.

Beispiel: A: Was machst du gern in deiner Freizeit?
B: Ich lese gern.
A: Was machst du nicht gern?
B: Kochen.
A: Was möchtest du gern machen?
B: Fotografieren.

b Stelle deine Partnerin / deinen Partner vor.

Beispiel: Ayse liest gern. Aber sie kocht nicht gern. Sie möchte gern ...

7 Findet die beliebtesten Freizeitaktivitäten in eurer Klasse. Geht so vor:

a   Schreibt eure Lieblingsaktivität auf einen Stimmzettel. Sammelt die Stimmzettel ein.

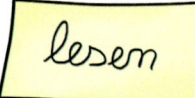   

b   Zählt die Stimmzettel aus. Macht eine Strichliste an der Tafel.

c   Fasst die Ergebnisse zusammen und berichtet.

Redemittel:

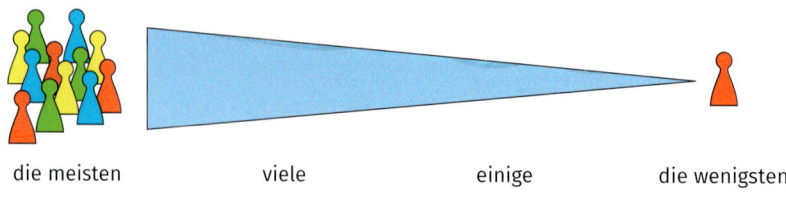

die meisten   viele   einige   die wenigsten

Beispiel: Viele Schülerinnen und Schüler in unserer Klasse machen gern Sport.

8 a Schau dir die Grafik an. Um welches Thema geht es? Entscheide.

Die Grafik zeigt, ...

○ was Jugendliche in ihrer Freizeit machen.
○ welchen Sport Jugendliche machen.
○ wie Jugendliche das Internet nutzen.

Beliebteste Freizeitaktivitäten von Jugendlichen (10 bis 18 Jahre) in Deutschland

Aktivität	Prozent
Treffen mit Freunden	68
Internetnutzung	39
Sport	37
Aktivitäten mit der Familie	29
Musik- / Radiohören	26
Computer- / Online-Spiele	23
Fernsehen / DVD	23
Lesen	21
Telefonieren	11
Malen / Zeichnen / Basteln	8
Spielen mit Spielzeugen	7

Angaben in Prozent

Quelle: Bitkom 2011

b Lies die Liste der Freizeitaktivitäten. Finde Formulierungen mit Verben. Schreibe in dein Heft.

Beispiel: Treffen mit Freunden – Freunde treffen

...

c Beschreibe die Grafik. Verwende die Redemittel aus Aufgabe 7.

Beispiel: Die meisten Jugendlichen treffen in ihrer Freizeit Freunde.

oder: 68% der Jugendlichen treffen in ihrer Freizeit Freunde.

...

Prozentzahlen aussprechen
68 % sprich
achtundsechzig Prozent

Freizeitangebote für Jugendliche

In Deutschland treffen sich viele Jugendliche in ihrer Freizeit im Jugendzentrum.

  ▶ **1 Schau dir die Bilder an. Was siehst du? Tauscht euch in der Klasse aus.**

Im Jungendzentrum LETSTREFF

 ▶ **2 Lies den Text über Jugendzentren und beantworte die Fragen.**

- Was können die Jugendlichen in einem Jugendzentrum machen?
- Welche Namen gibt es für Jugendzentren?
- Wer ist für ein Jugendzentrum verantwortlich?
- Warum gibt es Jugendzentren?

Jugendzentren

Dilber geht gern in das Jugendzentrum in Bonn Beuel. Dort können sich Kinder und Jugendliche in ihrer Freizeit treffen. Es gibt viele Möglichkeiten, zum Beispiel Billard, Tischtennis, Basketball, Kochen, Disko, Breakdance, Schach oder Theater.

5 In anderen Städten heißt ein Jugendzentrum auch „Haus der Jugend", „Jugendclub" oder „Jugendtreff". Oft begegnen sich dort Kinder und Jugendliche aus vielen Ländern. Sie können dort neue Freunde finden und andere Kulturen kennenlernen.

Die Jugendzentren werden von den Kommunen, den Kirchen oder
10 von Vereinen organisiert und finanziert. Sie wollen Jugendlichen mit attraktiven Programmen ein Angebot für die Freizeitgestaltung machen und sie vor Langeweile, aber auch vor Drogen und Gewalt schützen.

3 Höre die Aufnahme. Versuche, selbst die Geräusche zu produzieren.

▶ 1.39

4 Höre auf den Unterschied von *Ich*-Laut und *Ach*-Laut. Kreuze das Wort an, wenn du ein *ch* wie in *ich* hörst. Unterstreiche das Wort, wenn du ein *ch* wie in *ach* hörst.

▶ 1.40

Beispiele: nicht ✗   <u>machen</u>

Sprache   sprechen   Jugendliche   acht Stunden   Unterricht

5 Versuche, die beiden Laute deutlich zu sprechen.
Lies die Anleitung. Höre die Schritte auf der CD und sprich nach.

▶ 1.41

a Zuerst der *Ich*-Laut:
· Sprich langsam ein langes *Jjjaaa*.
· Flüstere langsam ein langes *Jjjaaa*.
· Lass das a weg und flüstere *Jjjj*.
· Zieh den Mund noch breiter beim Flüstern.
· Lass den Mund so breit wie beim Lächeln und sprich:
  ich   mich   nicht   richtig

b Nun der *Ach*-Laut:
· Stell dir eine fauchende Katze vor, die mit der Tatze schlägt.
· Nimm die Hand neben den Kopf – so wie auf dem Foto.
· Mach eine Tatzenbewegung und sprich dabei:
  ach   mach   doch

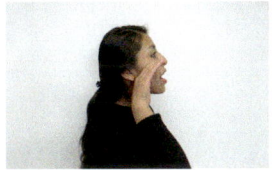

6 Sprich die folgenden Wörter. Mache dabei die passenden Gesten bei *Ich*-Laut und *Ach*-Laut.

kochen   Schach   Jugendliche   sich   machen

Möglichkeit   Kirche   auch   Sprecht!   unterstreichen

7 Sprecht den Dialog zu zweit. Die Stimmen wechseln, die Gesten machen beide.

A Was möchtest du am Wochenende machen?
B Ach, ich weiß noch nicht. Machst DU was?
A Ich möchte was kochen.
B Echt? Das wird bestimmt richtig lecker.
A Klar. Besuch mich doch!
B Toll. Mach ich!

▶ **8 a Schau dir die Angebote vom Jugendzentrum Letstreff an. Was können die Jugendlichen dort alles machen? Berichte.**

Beispiel: *Die Jugendlichen können im Jugendzentrum Billard spielen.*

b Schau dir das Wochenprogramm an. Was kann man am Montag / am Dienstag / … machen?

Beispiel: *Am Montag kann man einen Rock'n Roll-Kurs machen.*
…

 ▶ **9 Ayşe, Nora, Dilber und Lea möchten sich für Freitag verabreden.**

a Schau dir die Terminkalender der Mädchen an.

Welche Termine haben sie am Freitag? Wann haben sie am Freitag Zeit?

Ayşes Terminkalender   *Noras Terminkalender*   *Dilbers Terminkalender*   *Leas Terminkalender*

b Lies nun das Gespräch. Wer sagt was? Ergänze die Namen.

1. _____:
Wer hat Lust am Freitag
mit ins Jugendzentrum zu
kommen?
Ich kann aber erst ab
17.00 Uhr.

3. _____:
Ich habe am Freitag nichts
vor. Ich bin dabei.
Sagt, wann ich da sein
soll.

5. _____:
Ich möchte auch gern mit-
kommen, aber ich bin mit Manuel
verabredet.
Ich weiß nicht, wie lange
das dauert.

2. _____:
Ich komme gerne mit.
Da gibt es doch am Freitag
immer Filme. Ich kann ab 17.30
Uhr.

4. _____:
Super, also dann
kommt ihr beide mit. Wir treffen
uns um 18.00 Uhr am Jugendzentrum.

6. ___Dilber___:
Vielleicht kannst du ja später
noch kommen. Ruf doch einfach an,
wenn dein Treffen mit Manuel
vorbei ist.

10 a Suche dir zwei Partner/innen. Verabredet euch für eine Aktivität im Jugendzentrum Ringstraße.

- Schau dir das Programm vom Jugendzentrum an und überlege, welches Angebot dir am besten gefällt. Schau auch in deinen Terminkalender, wann du Zeit hast.
- Verwendet die Redemittel aus dem Kasten unten.

Frage	Antwort
Ich möchte heute gerne ins Ju-gendzentrum gehen. Kommst du mit?	Ja, sehr gerne. Wann denn? / Vielleicht, wann denn? / Nein, heute habe ich keine Lust.
Möchtest du am Freitag mit mir ins Jugendzentrum / zum Lindy Hop-Kurs / zum Filmabend / … gehen?	Ja, ich komme gerne mit. / Am Freitag habe ich leider keine Zeit.
Hast du morgen / am Freitag / … Zeit?	Ja, da habe ich Zeit. / Nein, da habe ich keine Zeit.
Hast du Lust, mit zum Lindy Hop / zum … zu kommen?	Ja, gern. / Nein, da kann ich leider nicht. Ich muss lernen.

b Präsentiert das Gespräch in der Klasse.

11   **Schau dir das Bild an. Wo sind die Mädchen? Was denkst du: Wohin wollen sie?**

  ▶ 1.42 ▶ **12**   **Jana und Lea treffen sich in der Straßenbahn. Höre das Gespräch und beantworte die Fragen. Schreibe in dein Heft.**
- Wohin will Jana?
- Was für einen Sport macht Jana?
- Wie findet Lea diesen Sport?
- Was schlägt Jana vor?

  ▶ **13**   **Lea möchte mit Jana zum Sport gehen. Jana bringt ein Anmeldeformular von der Trainerin mit.**
Lies das Anmeldeformular und Leas Daten. Fülle das Anmeldeformular aus.

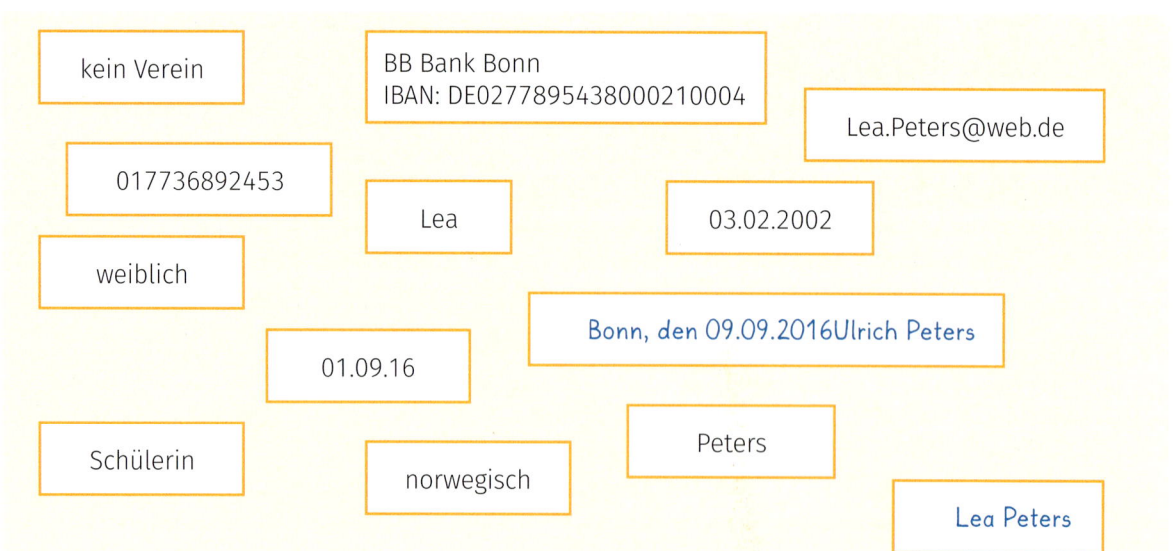

	**Sportverein Kastelberg SV 1948 e.V.**

Hiermit melde ich mich für folgende Sportart an:

☐ Fußball	☐ Volleyball	☐ Basketball	☐ Hockey	☐ Laufen	☐ Turnen

Name:	Vorname:
Straße:	PLZ / Wohnort:
geboren am:	in:
Staatsangehörigkeit:	Geschlecht:
Telefon:	Email:
gewünschtes Beitrittsdatum:	Beruf:

Bei Jugendlichen unter 18 Jahren ist die Unterschrift des gesetzlichen Vertreters / der gesetzlichen Vertreterin erforderlich.

Name / Vorname: Ort, Datum, Unterschrift:

Bei einer Anmeldung in unserem Verein wird eine Anmeldegbühr von € 12,00 fällig. Neue Mitglieder müssen dem Anmeldeformular ein Passfoto und eine amtliche Meldebescheinigung hinzufügen.

Mit dem Beitritt in den Verein erkenne ich die Satzung des Sportvereins Kastelberg SV 1948 e.V. an.

Unterschrift

Bankverbindung

IBAN:	BIC:	Bank:

Ort, Datum, Unterschrift des Kontoinhabers

Bonn, den 04.09.2016 Ulrich Peters

Freizeit und Internet

1 **Schau dir das Bild an. Wo sind die Personen? Was machen sie?**

2 a **Schau dir die Logos der Apps an. Welche Apps kennst du? Ordne die Namen zu.**

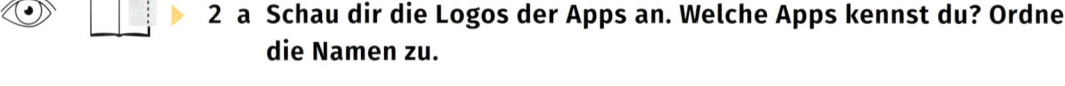

| Whatsapp | Snapchat | Googlemaps | Facebook | Youtube | Instagram |

b **Was kann man mit diesen Apps machen? Berichte.**

Beispiel: Mit der App „Whatsapp" kann man mit Freunden chatten.

3 a **Lies die Beschreibungen zu den Apps. Ordne sie den passenden Apps zu.**

A Mit der App kann man Fotos bearbeiten und sie mit anderen Menschen teilen. Man kann sich auch die Fotos anderer User anschauen.

B Mit der App kann man sich orientieren. Man kann Adressen eingeben und so den Weg zu diesem Ort finden.

C Mit der App kann man Nachrichten, Fotos und Videos an Freunde schicken. Man kann auch in Gruppen chatten.

> **Man** ist ein Indefinit-pronomen.
> **man** = alle Leute

b **Schreibe selbst einen kleinen Text über eine App deiner Wahl.**

4 a Einige Jugendliche sagen, welche Apps sie benutzen und warum. Was passt? Verbinde.

Ich benutze Facebook,

weil ich mir gerne schöne Fotos anschaue.

Ich mag Instagram,

weil ich es witzig finde.

Ich finde Googlemaps gut,

da ich so mit meinen Freunden chatten kann.

Ich nutze Snapchat gerne,

weil ich gern lustige Videos sehe.

Ich benutze Youtube,

da es praktisch ist.

b Und welche Apps nutzt du? Tausche dich mit einer Partnerin / einem Partner aus.

Beispiel: Welche App nutzt du?   Ich nutze gern Facebook, weil ...

Warum magst du Instagram?

Ich mag Instagram, **weil** ich gerne Fotos **mache**.

Warum nutzt du Youtube?

Ich nutze Youtube, **da** die Videos cool **sind**.

▶ **1 a In den Medien werden Jugendliche oft als „Generation Whatsapp" bezeichnet. Warum? Was glaubst du? Tausche dich mit einer Partnerin / einem Partner aus.**

 ▶ **b Sprecht jetzt in der Klasse. Vergleicht eure Ideen.**

 ▶ **c Lies nun den Zeitungsartikel und beantworte die Frage: Warum werden die Jugendlichen heute „Generation Whatsapp" genannt?**

Jugend aktuell
Generation Whatsapp

Das Thema Freizeit ist für Jugendliche sehr wichtig. Untersuchungen zum Freizeitverhalten der Jugendlichen zeigen, dass sie
5 sich größtenteils drinnen aufhalten. Die beliebtesten Aktivitäten heutzutage sind im Internet surfen, sich mit Leuten treffen, Musik hören und Fernsehen.

10 Noch im Jahre 2002 berichten dagegen über die Hälfte der Jugendlichen, dass sie ihre Freizeit meistens draußen verbringen. Zu Beginn des Jahrtausends gingen die Jugendlichen
15 am liebsten spazieren oder zum Sport. Nur ein Viertel aller Jugendlichen gibt damals an, jeden Tag im Internet zu surfen.

Das ist heute anders. Nur noch ein
20 Drittel ihrer freien Zeit verbringen Jugendliche im Freien. Selbst wenn sie draußen sind, ist das Handy immer dabei. 99 Prozent aller Jugendlichen zwischen 12 und 18 Jahren
25 haben ein Handy. Ein Viertel aller Jugendlichen surft sogar mehr als acht Stunden am Tag im Internet. Im Jahre 2002 waren es nur vier Stunden. Kein Wunder, dass die Jugendli-
30 chen heute auch Generation Whatsapp genannt werden.

d Ergänze die Tabelle mit den Informationen aus dem Artikel. Manche Felder bleiben leer.

	2002	heute
häufigster Aufenthaltsort (drinnen/ draußen)		
beliebteste Freizeitaktivität		im Internet surfen
Zeit im Internet	vier Stunden	
Handy		
Name für die Jugendlichen		

e Stelle die Ergebnisse der Untersuchung mithilfe deiner Tabelle dar.

Formuliere so:

Die Untersuchung zeigt, dass Jugendliche im Jahr 2002 vier Stunden im Internet surfen.

Die Untersuchung zeigt, das Jugendliche heute ...

Die Untersuchung zeigt, **dass** die Jungendlichen viel im Internet **surfen**.

Im Text steht, **dass** fast alle Jugendlichen ein Handy **haben**.

Lesen und darüber sprechen

1 Texte • Medien

RENATE WELSH
Disteltage

Schroedel

2 rororo
Tom Buhrow
tim fragt tom
NACHRICHTEN
LEICHT GEMACHT

3 dtv junior
Andreas Schlüter
Chaos im
Netzwerk-Clan
Ein Computerkrimi aus
der Level 4-Serie

4 dtv junior
Eine heiße Spur
für
Kommissar Maroni
40 neue Minikrimis zum Mitraten
Jürg Obrist
RÄTSEL-SPASS

5 Kühne Abenteurer
und furchtlose Entdecker
20 spektakuläre Expeditionen
rund um den Globus
JUGEND BROCKHAUS

6 William Nicholson
Der Windsänger
dtv extra

7 Annette Neubauer
TATORT FORSCHUNG
Anschlag auf die
Buchwerkstatt
Ein Ratekrimi um Johannes Gutenberg
Loewe

8 GEOlino MENSCHEN-WELTEN-ABENTEUER
Pferde
Von edlen Rassen
und wilden Reitern
KOSMOS

  ▶ **1 a Schau dir die Buchcover an. Was für Bücher sind das? Sprecht darüber. Manchmal gibt es mehrere Möglichkeiten.**

Roman   Sachbuch   Pferdebuch   Comic

Rätselbuch   Krimi   Abenteuergeschichte

Beispiele: Buch Nummer eins ist ein Roman.
„Anschlag auf die Buchwerkstatt" ist ein ...

b Welches Buch passt zu wem? Wähle für die Personen ein passendes Buch aus.

Ina reitet gern und arbeitet an den Wochenenden in einem Reitstall mit. Sie möchte etwas über die Pflege von Pferden lernen.

Buch Nummer ___

Karim interessiert sich für Geschichte. Er liest gern historische Romane, die zum Beispiel im Mittelalter spielen.

Buch Nummer ___

Abilena interessiert sich für fremde Länder. Sie liest gern spannende Berichte von Menschen und ihren Reisen.

Buch Nummer ___

Florian mag gern knifflige Rätsel. Er sucht ein Buch, bei dem er überlegen und mitraten kann.

Buch Nummer ___

c Welches Buch gefällt dir? Warum? Formuliere Weil-Sätze. Die Vorschläge im Kasten helfen dir.

Das Cover ist schön.

Das Buch ist interessant / lustig / spannend / …

Ich mag Pferde / Computer / …

Ich interessiere mich für Geschichte / Computer / …

Beispiele: Mir gefällt Buch Nummer zwei, weil …

Mir gefällt das Buch "Der Windsänder", weil es spannend ist.

Serhat findet das Buch „Tschick" von Wolfgang Herrndorf toll. Er stellt den Roman in der Klasse vor. Dieser Roman hat im Jahr 2011 den Jugendliteraturpreis bekommen.

2 a Schau dir das Buchcover an. Wer oder was ist „Tschick"? Was glaubst du?

▶ 1.43 **b Höre zu, was Serhat über das Buch sagt. Was weißt du jetzt über den Roman? Tausche dich mit den anderen aus.**

▶ 1.44 **3 a Serhat liest zum Schluss seiner Buchvorstellung noch eine Textstelle aus dem Roman „Tschick" vor, die ihm sehr gefällt.**
Höre den Romanausschnitt in einfacher Sprache und beantworte die Frage: Wer spricht hier?

▶ 44 **b Höre noch einmal. Entscheide: richtig oder falsch?**

	richtig	falsch
Tschick will Kontakt mit Maik.	○	○
Tschick findet Maiks Jacke toll.	○	○
Maik liebt seine Lederjacke.	○	○
Maiks Jacke war sehr teuer.	○	○
Mit der Jacke wirkt Maik anders als er ist.	○	○

Präteritum	Präsens
standen	stehen
unterhielten	unterhalten
haute	haut
sagte	sagt
...	

c Lies den Textausschnitt nun im Original. Suche die Informationen zu den Aussagen in Aufgabe 3b im Text. Notiere die passenden Zeilen hinter den Aussagen.

Auf den Gängen standen nur noch die Dicken und die Intelligenten und unterhielten sich über ihre Zeugnisse und irgendeinen Stuss, und am Ausgang – zwanzig Meter hinter dem Ausgang – haute jemand auf meine Schulter und sagte: „Übertrieben geile Jacke." Es war Tschick. Beim Grinsen sah man zwei große Zahnreihen, und die Schlitzaugen waren noch schmaler als sonst. „Kauf
5 ich dir ab. Die Jacke. Bleib mal stehen."

Ich blieb nicht stehen, aber ich hörte, wie er mir nachlief.
„Lieblingsjacke", sagte ich. „Unverkäuflich." Ich hatte die Jacke bei Humana entdeckt und für fünf Euro gekauft, und es war wirklich meine Lieblingsjacke. Irgend so ein China Teil, auf der Brust ein weißes Drachenmuster, das wahnsinnig billig aussah. Aber auch wahnsinnig toll. Im Grunde die
10 ideale Jacke für Asis. Und darum mochte ich sie auch so. Da sah man nicht gleich auf den ersten Blick, dass ich das genaue Gegenteil eines Asis war: reich, feige, wehrlos.

4 Gibt es ein Buch, das du besonders gut findest? Stelle das Buch in der Klasse vor.
Du kannst ein deutsches Buch wählen, oder ein Buch in deiner Muttersprache. Schaue in der Stadtbücherei an deinem Ort nach. Dort gibt es oft Bücher in verschiedenen Sprachen.

So bereitest du deine Präsentation vor.
a Mache dir Notizen zu diesen Punkten:

· Wie heißt der Autor?
· Wann ist das Buch erschienen?
· Worum geht es in dem Buch: Was passiert?
· Warum magst du das Buch?

b Suche eine Stelle aus, die du vorlesen möchtest. Bereite das Vorlesen vor. Wenn du ein Buch in deiner Muttersprache vorstellst, lies die Passage erst in deiner Sprache vor. Erkläre sie danach auf Deutsch.

Das Vorlesen vorbereiten und üben
· Nutze eine Kopie des Textausschnitts. Zeichne Betonungs- und Pausenzeichen ein. / bedeutet: eine kurze Sprechpause machen. <u>Unterstreichen</u> bedeutet: Dieses Wort wird betont.
· Überlege dir, wie du das Vorlesen durch deine Stimme, durch Gestik und Mimik unterstützen kannst. Welche Stimmung passt: Laut oder leise, traurig oder fröhlich?
· Überlege dir bei wörtlicher Rede, wie die Person klingt. Versuche, die Stelle passend zu lesen.
· Lies die Textstelle mehrmals laut vor. Übe mit einer Partnerin / einem Partner. Sprich laut und deutlich und nicht zu schnell.

Tipp:
Hört Serhats Buchvorstellung aus Aufgabe 3a noch einmal an. Welche Wörter betont er? Wo macht er Pausen? Wie spricht er bei wörtlicher Rede?

c Präsentiere dein Buch in der Klasse. Nutze die Redemittel im Kasten. Achte beim Vorlesen auf eine passende Betonung.

Redemittel Buchvorstellung
· Ich möchte euch heute das Buch ... vorstellen.
· Der Autor heißt... / Das Buch wurde von ... geschrieben.
· Das Buch ist im Jahr ... erschienen.
· In dem Roman / dem Krimi / ... geht es um ...
· Ich finde das Buch gut/ interessant /spannend, weil ...
· Zum Schluss möchte ich euch eine besonders interessante / schöne / spannende / lustige Stelle vorlesen: ...

Mit diesen Seiten könnt ihr bestimmt schon arbeiten.

Buchtipps

① Lies die folgenden Klappentexte und ordne sie den richtigen Buchtiteln zu.

Engelhardt hasst das Leben auf der Burg. Sein Onkel, der Burgherr, will ihn mit unerbittlicher Strenge zu einem tapferen Ritter erziehen. Nur in Elias findet Engelhardt einen heimlichen Freund, mit dem er seine Liebe zur Natur und zur Musik teilt. Als Elias' Leben in Gefahr gerät, fliehen die beiden und machen sich auf einen abenteuerlichen Weg nach Köln.

Pferdefreunde, Reiterinnen und solche, die es werden wollen, werden dieses Buch verschlingen, denn sie werden immer wieder überraschende, neue Informationen entdecken: über die evolutionsgeschichtliche Entwicklung des Pferdes; die Rassen; den Einsatz von Eseln, Pferden und Ponys als Arbeitstiere; die Rolle, die das Pferd bei der Eroberung Nordamerikas gespielt hat; über Reitsport und Dressur.

Tom kriegt die Motten. Den Klassenstreber Dieter soll er zu seinem Geburtstag einladen? Nur weil seine Mutter meint, Dieter habe es schwer? Quatsch! Der Dieter weiß doch alles! Ganz anders als Tom und seine Freunde, denen der Mathe-Test im Nacken sitzt. Doch als Tom den Test stibitzt und in Schwierigkeiten gerät, hilft ihm Dieter aus der Patsche. Ist doch ein prima Kerl, der Dieter!

Der rasante Fortschritt in der Raumfahrt hat unser Wissen über das Weltall verändert. 1969 betrat ein Mensch zum ersten Mal den Mond. Rund 30 Jahre später sind Raumsonden im All unterwegs, Satelliten umkreisen die Erde und man arbeitet an der Internationalen Raumstation ISS. Doch unser Sonnensystem ist noch lange nicht vollständig erforscht. In diesem Buch bekommen die Leser einen Überblick über unser heutiges Wissen. Es werden die Grundlagen der Raumfahrt erklärt und der Aufbau unseres Sonnensystems beschrieben.

TIPP ❓

Im Internet findet ihr unter www.Antolin.de tolle Rätsel und Spiele zu vielen Büchern, die ihr gelesen habt und noch lesen werdet.

② Welches der vorgestellten Bücher würdest du gern lesen?

③ Welches Buch möchtet ihr für die Klassenbücherei anschaffen? Diskutiert in der Klasse darüber und einigt euch auf ein Buch.

Was Buchumschläge verraten

Es ist nicht immer ganz leicht, sich für das richtige Buch zu entscheiden. Du musst ein Buch aber nicht erst lesen, um herauszufinden, worum es darin geht. Das Äußere eines Buchs verrät schon eine ganze Menge über seinen Inhalt.

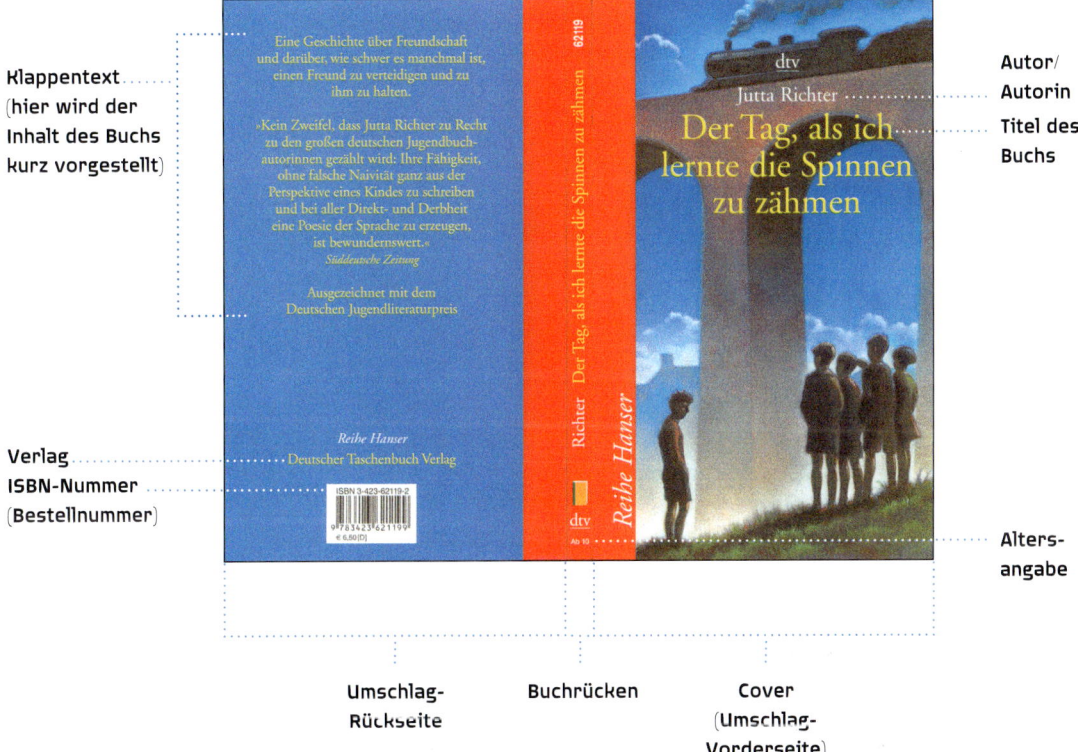

Klappentext (hier wird der Inhalt des Buchs kurz vorgestellt)

Verlag
ISBN-Nummer (Bestellnummer)

Autor/ Autorin

Titel des Buchs

Alters- angabe

Umschlag- Rückseite

Buchrücken

Cover (Umschlag- Vorderseite)

Bei Kinder- und Jugendbüchern wird auf dem Buchumschlag oft eine Altersangabe gemacht. So siehst du auf den ersten Blick, ob das Buch überhaupt für dich geeignet ist.

❶ Sucht euch weitere Bücher heraus und untersucht, welche Informationen auf dem Buchumschlag zu finden sind. Gibt es noch andere Angaben auf diesen Büchern?

Freizeitangebote in eurer Stadt

Welche Freizeitaktivitäten gibt es in eurer Stadt?
Recherchiert und erstellt einen Flyer oder eine Infobroschüre für neue Mitschülerinnen und Mitschüler.

1 **a Was seht ihr? Beschreibt die Broschüren und Flyer.**

b Was gehört alles in einen Flyer? Was müssen die neuen Schülerinnen und Schüler wissen? Sprecht in der Klasse darüber und macht eine Liste.

· Welche Freizeitaktivitäten gibt es?
· Wo finden die Angebote statt?
...

2 Erstellt den Flyer oder die Broschüre. So könnt ihr vorgehen.

1. Vorbereitung
   Überlegt und recherchiert, welche Freizeitaktivitäten es in eurer Stadt gibt. Ergänzt dazu die Mind Map. Schaut auch noch einmal in Kapitel 4 nach, um Ideen zu sammeln. Bildet dann Gruppen und verteilt die Freizeitaktivitäten.

Schwimmbad

Freizeitaktivitäten in unserer Stadt

Jugendtheater

in einer Band spielen

2. Durchführung
   Jede Gruppe sucht im Internet Informationen über eine Freizeitaktivität oder besucht die Vereine oder Gruppen in der Stadt.
   Findet alle Informationen heraus, die für neue Schülerinnen und Schüler wichtig sind. Ihr könnt euch auch an den Vorschlägen orientieren.

Vorschlag 1: Jugendtheater
Gibt es in eurer Stadt ein Jugendtheater? Sammelt alle wichtigen Informationen wie Öffnungszeiten, Programm, Schauspieler oder Regisseur. Wie alt sind die Schauspieler? Dürfen auch Kinder und Jugendliche mitspielen?

Vorschlag 2: Jugendzentrum
Wie viele Jugendzentren gibt es in eurer Stadt? Sammelt alle wichtigen Informationen wie Angebote, Programme, Alter oder Öffnungszeiten?

Vorschlag 3: Sportverein
Welche Sportvereine in eurer Stadt haben besondere Angebote für Kinder und Jugendliche? Sammelt alle wichtigen Informationen wie Alter und Sportart. Was muss man tun, um Mitglied zu werden? Wie hoch sind die Monatsbeiträge?

Tipps zur Gestaltung eines Flyers
- Informationen in kurzen Stichpunkten aufschreiben
- wichtige Informationen hervorheben
- bunte Farben verwenden
- Bilder oder Fotos einfügen
- übersichtlich gestalten

3. Präsentation und Erstellung des Flyers
   Stellt euch gegenseitig vor, was ihr herausgefunden habt. Erstellt zum Schluss gemeinsam als Klasse den Flyer oder die Broschüre. Jede Gruppe erhält einen Platz für die Informationen zu ihrer Freizeitaktivität.

GR ▶ S. 203   **Verneinung mit *nicht***

Das Verneinungswort „nicht" kann einen ganzen Satz oder nur ein Wort verneinen.

> Ich gehe ins Kino.   Ich gehe **nicht** ins Kino.

> Ich koche gern.   Ich koche **nicht** gern.

GR ▶ S. 198   **Das Indefinitpronomen *man***

Man ist ein Indefinitpronomen. Es bedeutet *jeder* oder *alle* Leute.

> **Man** kann mit der App Fotos bearbeiten.
>
> Im Jugendzentrum kann **man** Freunde treffen.

GR ▶ S. 203   **Nebensätze mit *weil*, *da* und *dass***

S. 201   Die Konjunktionen *weil*, *da* und *dass* leiten einen Nebensatz ein. In diesen Nebensätzen steht das finite Verb am Ende.

		Nebensatz	
Ich mag Instagram,	**weil**	ich gerne Fotos	mache.
Ich nutze Youtube,	**da**	die Videos cool	sind.
Im Text steht,	**dass**	viele Jugendliche ein Handy	haben.

GR ▶ S. 191   **Das Präteritum**

Das Präteritum verwendet man, wenn man über die Vergangenheit berichtet. Es ist typisch für die geschriebene Sprache, zum Beispiel Erzählungen.

Regelmäßige Verben (z. B. *hören*)   Unregelmäßige Verben (z. B. *sprechen*)

ich	hör**te**		ich	spr**ach**
du	hör**test**		du	spr**achst**
er / sie / es	hör**te**		er / sie / es	spr**ach**
wir	hör**ten**		wir	spr**achen**
ihr	hör**tet**		ihr	spr**acht**
sie / Sie	hör**ten**		sie / Sie	spr**achen**

Wichtige Wörter und Wendungen

Das kann ich:

Freizeitaktivitäten benennen
kochen, fotografieren, Musik hören, ins Kino gehen, ...

Sagen, was ich in meiner Freizeit (gern) mache / nicht (gern) mache
In meiner Freizeit ... ich gern / nicht gern ...
Ich möchte gern ...

Etwas bewerten
...finde ich sehr gut / finde ich gut / finde ich nicht so gut / finde ich gar nicht gut.

Eine einfache Grafik beschreiben
Die Grafik zeigt, dass... / was... / wie... / welche ...
Viele Jugendliche ... in ihrer Freizeit.

Ergebnisse zusammenfassen und berichten
Die meisten... / Viele... / Wenige... / Die wenigsten ...
...% der Jugendlichen ...
Die Untersuchung zeigt, dass...

Über Wochenprogramme und Terminkalender sprechen
Am Montag kann man... / Am Freitag habe ich...

Mich mit Freunden verabreden
Hast du Lust, mit mir ins Jugendzentrum / zum Filmabend / ... zu gehen?
Hast du morgen / am ... Zeit?

Ja, sehr gerne. / Ja, da habe ich Zeit.
Nein, heute habe ich keine Lust / keine Zeit.

Ein Anmeldeformular ausfüllen

Apps beschreiben
Mit der App kann man ... / Ich (be)nutze / mag ...

Etwas begründen
..., weil... / ..., da ...

Bücher kategorisieren und mich über Bücher austauschen
Das Buch ist ein Roman / ein Sachbuch /ein Pferdebuch / ...
Ich finde das Buch ... interessant / gut / spannend, weil ...

Eine Buchvorstellung halten
Ich möchte euch heute das Buch ... vorstellen. Der Autor heißt...

5 Natur und Umwelt

  1 Schau dir die Bilder an. Was siehst du?
Da ist ein Storch. ...

2.01 **2 Du hörst jetzt Szenen aus der Natur. Was hörst du?**
Ich höre Regen. ...

In diesem Kapitel lernst du:

▸ über Wetter und Jahreszeiten sprechen
▸ Pflanzen und Tiere im Jahresverlauf kennen
▸ Zeiträume benennen und Abläufe beschreiben
▸ wie die Milchproduktion abläuft
▸ über Mülltrennung und Recycling sprechen

Wetter und Jahreszeiten

  ▶ **1 Wie ist das Wetter? Beschreibe die Bilder mit den passenden Aussagen aus dem Kasten.**

Es regnet.

Es schneit.

Es ist bewölkt.

Es ist windig.

Es ist sonnig.

Es ist heiß.

Es ist kalt.

Der Himmel ist blau.

Der Himmel ist grau.

 ▶ **2 a Schau aus dem Fenster. Wie ist das Wetter heute? Schreibe in dein Heft.**

Es ...
Es ist...
Der Himmel ist ...

  ▶ **b Wie warm ist es? Teilt euch in Gruppen auf. Messt die Temperatur draußen, im Klassenraum, auf dem Flur, in der Turnhalle, ... Berichtet und erstellt eine Tabelle.**

Die Temperatur ablesen

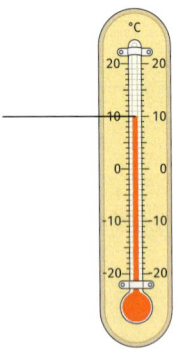

Dieses Thermometer
zeigt 10 °C
(sprich: zehn Grad
Celsius)

Ort	Temperatur
draußen	
im Klassenraum	21 °C
...	

Draußen sind es ... Grad.
Im Klassenraum sind es ... Grad.
...

Heute ist Sonntag. Morgen fährt die Klasse 7c auf Klassenfahrt nach Hamburg. Kim und Lukas packen ihre Koffer.

Muss ich eine Jacke mitnehmen?

Weiß ich nicht.
Wie wird denn das Wetter?
Lass uns mal den
Wetterbericht hören.

3 a Höre den Wetterbericht an. Ergänze die Tabelle.   ▶2.02

Temperaturen am Montag:

Ort	Temperatur
Freiburg	13 °C
Stuttgart	
Nürnberg	
Saarbrücken	
Leipzig	
Hamburg	

b Wie wird das Wetter am Montag? Berichte.

Am Montag werden es in Freiburg ... Grad.
In Stuttgart werden es ...
...

c Vergleiche die Temperaturen am Montag.

In Freiburg ist es kälter als in Stuttgart.
In... ist es wärmer als in...
In ... ist es genau so kalt / warm wie in ...
...

Temperaturen vergleichen

anders:
kalt – kälter als – am kältesten
warm – wärmer als – am wärmsten

gleich:
genau so kalt/ warm wie

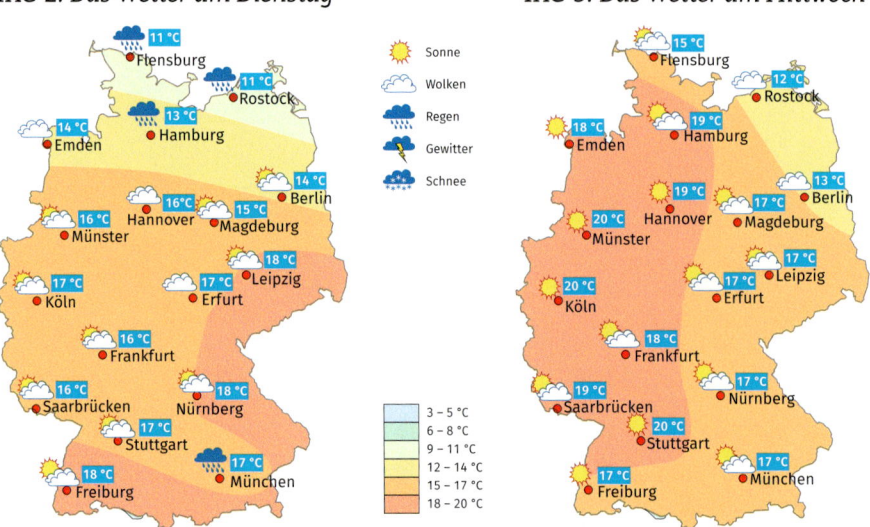

TAG 2: Das Wetter am Dienstag   *TAG 3: Das Wetter am Mittwoch*

👁 💬 ▶ 4   **Schau dir die Wetterkarten an.**
Wie verändert sich die Temperatur von Dienstag auf Mittwoch in
Saarbrücken, Freiburg, Stuttgart, …?
Übertrage die Tabelle in dein Heft und ergänze. Berichte dann.

Ort	Dienstag	Mittwoch	Veränderung
Saarbrücken	16 °C	19°C	es wird wärmer
Freiburg	18 °C	17 °C	es wird kälter
Stuttgart	17 °C		
…			

Es **wird wärmer**. – Die Temperatur **steigt**.
Es **wird kälter**. – Die Temperatur **fällt**.

Beispiel: In Saarbrücken wird es wärmer. / In Saarbrücken steigt die
Temperatur.
In Freiburg wird es kälter. / In Freiburg fällt die Temperatur.

Phonetik: Vokalneueinsatz und Hauchlaut

5 Höre zu. Hörst du Unterschiede?  2.03

6 Höre zu. Hörst du ein [h] oder nicht? Kreuze an.  2.04

	mit [h]	ohne [h]
1.		
2.		
3.		
4.		
5.		

7 Höre zu und sprich nach.  2.05

8 Hast du Schwierigkeiten mit der Aussprache? Diese Tricks helfen dir.

a Vokale.
Mache bei den Vokalen die Scherengeste wie auf dem Foto. Sprich diese Wörter mit der Scherengeste: *am, aus, oben, unten.*

 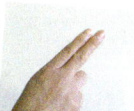

b Hauchlaut [h]:
Halte die Hand nah an den Mund und hauche kurz und kräftig hinein. Du fühlst die Wärme des Atems. Sprich die folgenden Wörter mit [h] in deine Hand: *Hamburg, hat, Herbst, heute, Haus, heiß.*

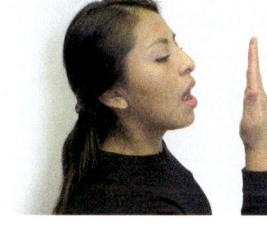

9 a Höre den Dialog und lies mit. Achte auf die Vokale und das [h].  2.06
A: Wer hat heute Geburtstag?
B: Anna und Hanna haben heute Geburtstag.
A: Elena und Helena haben erst im Herbst Geburtstag.
B: Ja, Elena am ersten Oktober und Helena am elften November.
A: Und ich habe heute in einer Woche Geburtstag.

b Sprecht den Dialog zu zweit.

Unser Jahr hat 12 Monate. In Deutschland gibt es vier Jahreszeiten:
Frühling, Sommer, Herbst und Winter.

1 Schau dir die Abbildung an.

　a Welche Monate gehören zu welcher Jahreszeit? Berichte.

　　Zum Winter gehören Dezember, Januar und Februar.
　　Zum Frühling gehören...

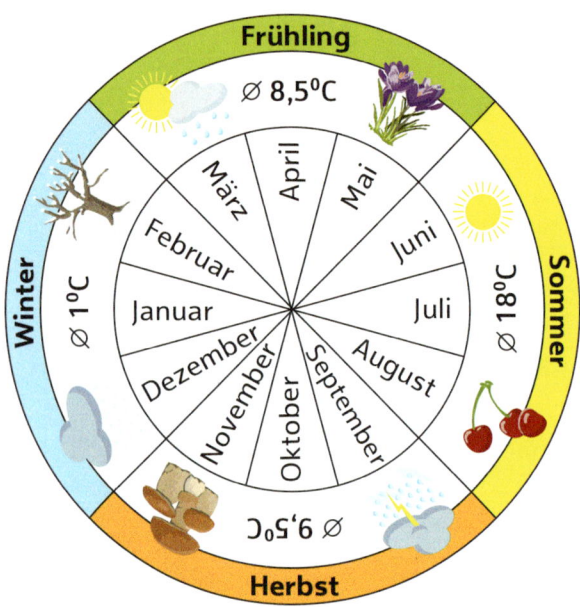

　b Welches Wetter gibt es im Frühling, im Sommer, im Herbst und
　im Winter? Berichte.

Im Frühling...	... ist es kalt.	... regnet es oft.
Im Sommer...	... ist es heiß.	... scheint die Sonne.
Im Herbst ...	... ist es warm.	... ist es oft windig.
Im Winter...	... ist es kühl.	... gibt es Schnee.

2 Gibt es in deinem Heimatland auch Jahreszeiten? Welche? Wie hei-
ßen sie in deiner Sprache? Wie ist das Wetter? Tauscht euch in der
Klasse aus.

3 Wann hast du Geburtstag? Fragt euch gegenseitig.
　Wann hast du Geburtstag? – Ich habe im Frühling Geburtstag und zwar
　am 25. Februar.

Pflanzen im Jahresverlauf

4 a **Bäume verändern sich mit den Jahreszeiten.**
**Schau dir die Bilder an. Wie sieht der Baum in den verschiede-
nen Jahreszeiten aus? Beschreibe.**

Frühling   *Sommer*

Herbst   *Winter*

b **Lies nun die Textabschnitte. Welcher Text beschreibt welche Jahreszeit? Trage die passende Jahreszeit ein.**

A Im _____ wird es wärmer. Der Himmel ist blau.
Der Apfelbaum hat viele kleine Blüten. Siehst du die weißen
Blüten?

B Im _____ ist es kalt. Auf dem Apfelbaum liegt Schnee.
Er hat keine Blätter und keine Äpfel mehr. Wo sind die Äpfel
jetzt?

C Im _____ wird es kälter. Der Apfelbaum trägt nun große
Früchte:
Die Äpfel sind reif. Jetzt kannst du sie pflücken und essen. Die
Blätter werden nun gelb. Siehst du die gelben Blätter?

D Im _____ ist es heiß. Der Apfelbaum ist jetzt grün. Der
Baum trägt viele grüne Blätter und kleine grüne Äpfel. Siehst
du die Äpfel?

5 Der Baum. Schau dir die Zeichnung an. Aus welchen Teilen besteht ein Baum? Beschreibe.

die Baumkrone Das Wasser verdunstet.

das Blatt, die Blätter (Pl.)

der Zweig, die Zweige (Pl.)

der Ast, die Äste (Pl.)

der Stamm

das Wasser

die Wurzel, die Wurzeln (Pl.)

der Boden

Ein Baum **hat** …
· ein**en** Stamm (m)
· eine Baumkrone (f)
· Zweige (Pl.)

Ein Baum **besteht aus** …
· ein**em** Stamm (m)
· ein**er** Baumkrone (f)
· Zweige**n** (Pl.)

Ein Baum hat Wurzeln, … / Ein Baum besteht aus Wurzeln, …

6 Bäume brauchen Wasser.

a Schau dir die Zeichnung noch einmal ganz genau an: Welchen Weg nimmt das Wasser? Sprecht darüber.

b Berichtet in der Klasse.
Zuerst geht das Wasser durch die Wurzeln.
Dann geht es durch … Danach …
Am Ende …

7 Was passiert im Herbst und im Winter?
Schau dir die Bilder mit den Worterklärungen an. Ergänze den Text mit den passenden Wörtern.

abwerfen –
Der Baum **wirft** seine
Blätter **ab**.

Im Winter ge_____das Wasser. Die Wurzeln können dann kein Wasser

auf _____. Deshalb w_____ der Baum im Herbst seine Blätter

a___.

gefrieren – Bei weniger als 0 °C gefriert Wasser. Es wird zu Eis.

aufnehmen – Die Wurzel nimmt Wasser auf.

abwerfen – Der Baum wirft die Blätter ab.

8 Wir sammeln Blätter

a Sammelt oder fotografiert verschiedene Blätter auf dem Schulgelände.

b Suche dir ein Blatt aus. Beschreibe es. Schreibe in dein Heft.

· Welche Farbe hat dein Blatt? Welche Farben haben die einzelnen Teile?

Mein Blatt ist ...
Die Blattadern sind ...
Die Blattoberfläche ist ...

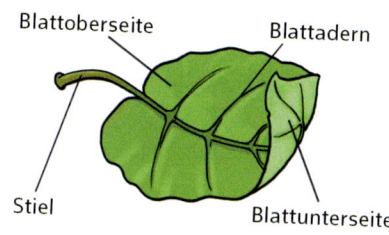

· Welche Form hat dein Blatt? Wie sieht der Rand aus?

Mein Blatt ist oval / rund ....
Der Rand ist ...

Farben

● rot
● gelb
● braun
● orange
● grün
● violett
● schwarz
● hellbraun
● dunkelbraun

Blattformen:

oval   rund   herzförmig   fingerförmig

Blattränder:

glatt   wellig   gezackt

· Wie fühlt sich dein Blatt an?

Mein Blatt fühlt sich ... an.
Die Blattoberfläche ist ....

glatt   rau   weich   fest   stachelig   haarig

c Präsentiert euer Blatt in der Klasse.

Saisonkalender: Wann gibt es in Deutschland welches Obst?

Im Supermarkt kann man das ganze Jahr über fast alle Obstsorten kaufen. Zum Teil kommt das Obst aus der ganzen Welt. Aber frisches Obst aus Deutschland gibt es nur zu bestimmten Zeiten. Der Saisonkalender zeigt, wann welches Obst in Deutschland reif ist.

Obst	JAN	FEB	MÄRZ	APRIL	MAI	JUNI	JULI	AUG	SEP	OKT	NOV	DEZ
Apfel									■	■	■	
Aprikose							■	■				
Birne								■	■	■		
Brombeere								■	■			
Erdbeere						■	■					
Hasel-/Walnuss									■	■		
Heidelbeere							■	■	■			
Himbeere						■	■	■				
Johannisbeere							■	■				
Kirsche						■	■					
Pflaume, Zwetschge								■	■			
Rhabarber				■	■	■						
Stachelbeere						■	■	■				
Traube weiß/blau									■	■		

  9 Schau dir den Saisonkalender an. Welches Obst kann man in welchen Monaten frisch kaufen?

  10 **Fragt euch gegenseitig.**

a Wann gibt es frische Äpfel / frische Kirschen /… aus Deutschland?

Beispiel:

A: *Wann gibt es frische Aprikosen aus Deutschland?*
B: *Im Juli und im August gibt es frische Aprikosen aus Deutschland.*
oder: *Von Juli bis August gibt es frische Aprikosen aus Deutschland.*

> **Zeiträume benennen**
> ┣━━┫ von … bis (Zeitdauer)
> ● im / in (Zeitpunkt)

b Welches Obst kann man in Deutschland im Januar / im Februar /… frisch kaufen?

Welches Obst kann man in Deutschland im Januar frisch kaufen? – Im Januar kann man Äpfel und Birnen frisch kaufen. …

11 **Beantworte auch diese Fragen zum Saisonkalender. Schreibe in dein Heft.**

- In welchem Monat sind in Deutschland die meisten Obstsorten reif? In welchen Monaten sind die wenigsten Obstsorten reif?
- Welches Obst kann man in Deutschland am längsten frisch kaufen? Welches Obst kann man am kürzesten frisch kaufen?

 12 **Welches Obst kennst du aus deiner Heimat? Wann gibt es das Obst in deinem Land frisch? Zeichne und berichte. Hängt eure Bilder in der Klasse auf.**

Wohin fliegt Storch „Michael"?

1 Schau dir die Bilder an. Was siehst du? Ordne die passende Bild-unterschrift zu.

Dieser Storch sucht nach Nahrung. Lecker, ein Frosch!   Bild ____

Das ist ein Storch. Er fliegt.   Bild ____

Dieser Storch füttert seine Jungvögel.   Bild ____

2 Aus dem Leben eines Storches.
a Lies den Text und beantworte die Fragen.
   – Warum ziehen Störche im Winter in den Süden?
   – Warum bekommt der Storch einen Sender?

Störche brauchen zum Leben einen Ort mit Wasser. Im Winter finden
sie in Deutschland nicht genügend Orte mit Wasser. Es ist sehr kalt und
das Wasser gefriert. Deshalb fliegen Störche im Winter in wärmere
Länder in den Süden.
5 Biologen vom NABU (Naturschutzbund Deutschland) wollen mehr über
diesen Vogelzug wissen. Deshalb haben sie an einigen Störchen kleine
Sender befestigt. So wissen sie immer, wo die Störche gerade sind.
Einer von ihnen ist Storch Michael.

*Storch Michael
bekommt einen Sender.*

**b Die Biologen wollen viel über die Reise von Storch Michael
wissen.
Lies die Fragen und ergänze die Lücken.**

· Wohin _fliegt er_____ ? (fliegen)

· Wann _____? (fliegen)

· Wann _____? (Pause machen)

· Wie lange _____ ? (Pausen machen)

· Wo _____ ? (sein, in der Nacht)

· Wo _____? (sein, im Winter)

▶ **3 Hier siehst du die Reiseroute von Storch Michael.**

a Schau dir die Karte an. Durch welche Länder fliegt Storch Michael? Mache eine Liste.

Storch Michael fliegt durch diese Länder:
1. Deutschland
2. Polen
3. ...

b Beschreibe die Route von Storch Michael. Nutze die Formulierungshilfen.

Storch Michael startet in...
Von dort fliegt er nach Osten / Südosten / Süden /... .
Er fliegt zuerst durch .... Dann ist er in... Danach...
...
Von ... fliegt er in Richtung ... weiter.
Er fliegt durch ...
Die Reise endet im Tschad.

4 Der NABU schreibt einen Blog über Michaels Reise.
Lies den Text. Zu welchem Teil der Reise gehört der Text? Zeige den passenden Streckenabschnitt auf der Karte.

Michael hat schon fast sein erstes Ziel erreicht. Sonntag (4. September) ist er von den Bewässerungsfeldern in der Nähe des Assuanstausees nach Südwesten gezogen. Nach etwa 490 Kilometern landete er abends mitten in der Wüste, um dort die Nacht zu verbringen. Am Montag hatte er dann schon die Grenze zwischen dem Sudan und dem Tschad überquert. Nach über 700 Kilometern verbrachte er die Nacht am Fuß der Ennedi Berge. Am nächsten Morgen ist er weiter in den Tschad gezogen.

Auszug aus dem Blog von Vogelexperte Thomsen

 ▶ **5 Überlegt: Was interessiert euch noch zum Thema Vogelzug?**
a Formuliert Fragen.
Beispiel:
– Wie bereiten sich die Vögel auf den Vogelzug vor?
– Welche Gefahren gibt es auf der Reise?
...

b Recherchiert die Antworten im Internet.

Phonetik: Lange und kurze Vokale

6 Höre zu. Achte auf das lange [a]. ▶2.07

7 Höre zu. Achte auf den Unterschied zwischen kurzem [a] und langem [a]. ▶2.08

8 Höre zu. Hörst du ein kurzes [a] oder ein langes [a]? Entscheide. ▶2.09

	kurzes å	langes ā
1.		
2.		
3.		
4.		
5.		
6.		

Staat

kann

Diese Gesten helfen dir bei der Aussprache von langen und kurzen Vokalen.

9 Höre zu und sprich nach. Wenn du einen langen Vokal sprichst, mache eine große Armbewegung. Wenn du einen kurzen Vokal sprichst, mache eine kurze Armbewegung. 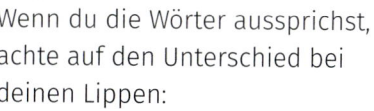▶2.10

10 Höre zu. Achte auf das lange [e]. ▶2.11

11 a Höre zu. Kannst du das lange [e] und das kurze [e] unterscheiden?
b Höre noch einmal und sprich mit.

Tipp:
Wenn du die Wörter aussprichst, achte auf den Unterschied bei deinen Lippen:
Wenn du ein langes [e] sprichst, dann lächelst du breit und hast den Mund kaum geöffnet.

▶2.12

▶2.13

12 Auch andere Vokale können kurz oder lang gesprochen werden.
a Höre die Aufnahme und lies still mit. Achte dabei auf die markierten langen und kurzen Vokale. ▶2.14

Störche brauchen zum L<mark>ē</mark>ben einen Ort mit W<mark>å</mark>sser. Im W<mark>i</mark>nter finden sie in Deutschland nicht genügend Orte mit Wasser. Außerdem ist es zu k<mark>å</mark>lt. Es liegt Schn<mark>ēē</mark>. Deshalb fli<mark>ē</mark>gen sie in den S<mark>ǖ</mark>den.

b Lies den Text nun laut. Achte dabei auf die richtige Aussprache der langen und kurzen Vokale.

Nutztiere: Kühe für die Milchproduktion

Hallo, ich bin Teresa.
Ich lebe mit meinen Eltern und meinen drei Geschwistern auf einem Bauernhof im Schwarzwald. Bei uns auf dem Hof ist immer etwas los. Schau doch mal!

1 a Schau dir die Bilder an. Was siehst du auf dem Hof? Was sind das für Tiere? Was machen die Menschen? Sprecht darüber.

b Ordne die Aussagen den Bildern zu.

a) Anna erntet Heu.

b) Die Kühe grasen auf der Weide.

c) Im Hofladen werden Milchprodukte verkauft.

d) Teresas Schwester Emma trinkt ein Glas Milch.

e) Die Kühe fressen im Stall.

f) Auf dem Hof laufen Hühner umher.

g) Teresas Vater melkt die Kühe mit der Melkmaschine.

2 Wie kommt die Milch von der Kuh in den Supermarkt?
Schau dir die Bilder an und bringe sie in die richtige Reihenfolge.

A Die Milch kommt in die Milchtüte.

B Die Milch kommt zum Supermarkt.

C Kühllaster bringen die Milch vom Bauernhof zur Molkerei.

D Die Milch kommt in Milchtanks und
wird kontrolliert.

E Die Milchtüten sind auf
Paletten gepackt.

F Die Milch steht im Regal.

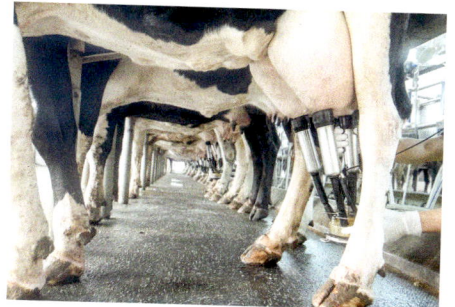

G Melkmaschinen melken die Kühe.

1	2	3	4	5	6	7

Bild: G ___ ___ ___ ___ ___ ___

3 Zu Gast bei der Firma Schwarzwaldmilch

Die Klasse 7b ist zu Gast bei der Firma Schwarzwaldmilch. Das ist eine Molkerei in Freiburg. Eine Mitarbeiterin erklärt den Schülerinnen und Schülern, wie die Milch vom Bauernhof in den Supermarkt kommt.

 **a Höre zu und überprüfe deine Reihenfolge aus Aufgabe 2. Hast du alles richtig geordnet?**

  **b Höre noch einmal. Was erfährst du sonst noch zu den einzelnen Schritten? Mache dir Notizen.**

 c Beschreibe den Weg der Milch.
Benutze dazu die Informationen aus Aufgabe 2 und deine Notizen.

Formuliere so:
Zuerst...   ... melken Melkmaschinen ... .
Dann...   ... bringt ein ....   die Milch zur Molkerei.
Dort...
Nun...

...
Jetzt...   ... können wir die Milch kaufen und trinken.

Die Kühe	produzieren	zuerst die Milch.
Zuerst	produzieren	die Kühe die Milch.

4 Schreibe einen kurzen Text:
„Der Weg von der Milch zum Supermarkt."

Beginne so:
Zuerst melken Melkmaschinen die Kühe.
...

5 Milchprodukte und ihre Verpackungen
Schau dir die Tabelle an und berichte.

· Was wird alles aus Milch gemacht?
· Wie werden die Produkte verpackt?

Beispiel: Aus Milch wird Sahne gemacht.
Sahne wird in Flaschen oder in Bechern verpackt.

| Milch | **wird** | in Flaschen | **verpackt.** |
| Die Kühe | **werden** | auf die Weide | **gebracht.** |

	Produkt	Verpackung
	Milch (f)	Flaschen / Kartons
	Sahne (f)	Flaschen / Becher
	Butter (f)	Folie
	Joghurt (m)	Becher / Gläser
	Quark (m)	Becher
	Frischkäse (m)	Becher
	Käse (m)	Papier / Plastik

6 a Welche Verpackung ist besser? Sprecht darüber.

b Was heißt „besser"? Besser für dich zum Tragen? Besser für die Umwelt? Welche Verpackung produziert weniger Abfall?

So viel Müll!

1 Schau dir das Bild an. Was siehst du? Sprecht darüber.

2 a Was findest du im Abfallkorb in deiner Schule? Schau nach. Kreuze an und ergänze die Liste. Schlage unbekannte Wörter im Wörterbuch nach.

> **Komposita**
>
> **die** Milch + **das** Produkt
> → **das** Milchprodukt
>
> **der** Baum + **die** Krone
> → **die** Baumkrone
>
> **die** Pizza + **der** Karton
> → **der** Pizzakarton

	Das habe ich gefunden
Kaffeebecher	
Plastikverpackung	
Bäckertüte	
Papiertaschentuch	
Zeitungspapier	
Getränkedose	
Joghurtbecher	
Bananenschale	
Milchkarton	
Teebeutel	
Wasserflasche	
Gummibärchen	
...	
...	
...	

> **Tipp:**
> Das Verb *finden*
> steht mit dem Akkusativ.

b Was habt ihr gefunden? Tauscht euch in der Klasse aus.

Beispiel: Ich habe einen Teebeutel gefunden.
Ich habe keine Bananenschale gefunden. ...

3 a Schau dir das Bild an. In Deutschland gibt es verschiedene Müll-tonnen. Überlegt gemeinsam: Warum?

b Was gehört in welche Mülltonne? Ordne den Müll aus Aufgabe 2 zu.

Die Plastikverpackung gehört in den gelben Sack / die gelbe Tonne.
Das Papiertaschentuch gehört in …

4 Was passiert mit dem Müll?

Wir sortieren den Müll, weil man einige Teile davon noch nutzen kann.
Aus dem Müll werden neue Dinge hergestellt. Das nennt man „Recycling".

a Schau dir die Abbildung an und berichte.

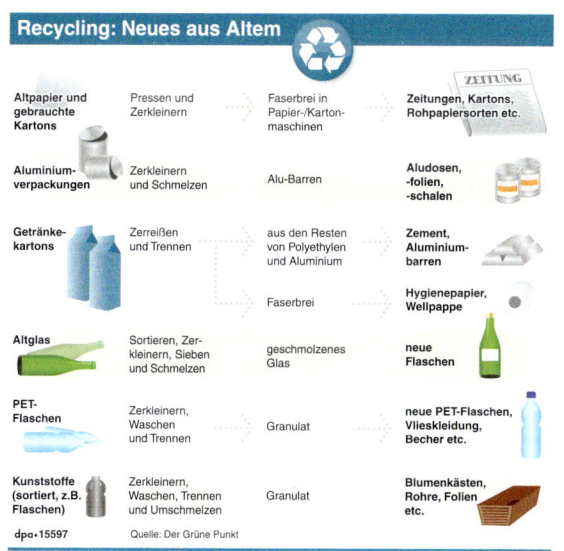

Tipp:
Benutze das Passiv.
Der Grammatikkas-
ten auf
S. 123 hilft dir.

Aus Altpapier und gebrauchten Kartons werden Zeitungen gemacht.
Aus Aluminiumverpackungen werden …

b Überlegt gemeinsam in der Klasse: Weshalb ist Recycling sinn-voll?

Naturschutz fängt vor der Haustür an

Schau dir das Bild an (M1). Ergänze die Schrift auf dem Schild.

1. Die drei Schüler stehen vor dem recht verwitterten Schild. Es ist nicht mehr zu lesen, wie man sich im Wald verhalten soll. Weißt du es? Informiere dich zum Beispiel beim Förster und entwirf ein neues Schild mit den wichtigsten Hinweisen.

2. a) Wähle ein gefährdetes heimisches Wildtier aus, zum Beispiel Biber (A), Wolf (B), Fischotter (C), Luchs (D). Finde heraus, weshalb sein Bestand gefährdet ist, und schlage geeignete Schutzmaßnahmen vor.
b) Überlege, wer sich durch diese Schutzmaßnahmen beeinträchtigt fühlen könnte, und begründe dies.

Schau dir die Bilder an. Wie heißen die Tiere? Benutze ein Wörterbuch, wenn nötig.

3. Zeichne einen Garten, in dem sich Igel, aber zum Beispiel auch Frösche, Kröten, Insekten und verschiedene Vögel wohlfühlen. Informiere dich dazu zuerst über die Lebensweise und die Bedürfnisse dieser Tiere. ⇨

4. a) Informiere dich über die Bedeutung des Schildes „Naturschutzgebiet".
b) Welche Naturschutzgebiete gibt es in deiner näheren Umgebung? Was gilt dort als besonders schützenswert?

Was denkst du: Wie sieht ein perfekter Garten für Tiere aus? Mache eine Zeichnung.

"Bach ist nicht gleich Bach." – Schau dir die Bilder an und überlege: Was bedeutet die Überschrift des Textes?

Bach ist nicht gleich Bach

Folge dem Bachlauf auf dieser Seite. Abbildung 1 zeigt, dass der Bach in diesem Bereich, im Unterlauf, sehr gradlinig verläuft. Die Ufer sind hier ausgemäht und das Wasser kann schnell fließen. Rechts und links liegen Viehweiden und stark gedüngte Wiesen. Die Ausscheidungen der Tiere und die Düngerreste werden mit dem Regen in den Wasserlauf gespült. Bachlebewesen sind in diesem Teil kaum noch zu finden, da sie den hohen Nährstoffeintrag durch Dünger nicht vertragen. Abbildung 2 zeigt den Oberlauf desselben Baches. Hier, in der Nähe seiner Quelle, hat eine Naturschutzorganisation in mühevoller Arbeit den Bach vor Jahren renaturiert. Der Bach schlängelt sich jetzt wieder natürlich durch die Landschaft.

1 Begradigter Bachlauf im Unterlauf

Steine liegen im Bachbett. Die angrenzenden Flächen werden weder als Viehweide noch als Ackerfläche genutzt. Zahlreiche Schwarzerlen wurden damals durch Schüler einer benachbarten Schule angepflanzt. Schwarzerlen vertragen es, mit den Wurzeln im Wasser zu stehen. Die Wurzeln befestigen das Ufer und bieten gleichzeitig Halt und Versteckmöglichkeiten für Fische und andere Bachbewohner. Die Baumkronen spenden Schatten. Das Laub bietet eine Nahrungsgrundlage für Pflanzen fressende Kleinstlebewesen im Bach.

Naturschutzarbeit ist notwendig

Natürliche Lebensräume verschwinden nicht nur, wenn man Bäche und Flüsse begradigt, sondern zum Beispiel auch, wenn neue Bau- oder Industriegebiete entstehen und Straßen gebaut werden. Der Mensch schränkt die natürlichen ▸ Lebensräume der Tiere und Pflanzen immer stärker ein oder vernichtet sie sogar. Hier setzt Naturschutzarbeit an. Zum Beispiel werden ▸ Fangzäune für Kröten an stark befahrenen Straßen errichtet. Auf dem Weg zu ihren Laichorten werden die Kröten in Sammeleimer entlang der Fangzäune gelenkt und anschließend über die Straße getragen. Naturnahe Gärten bieten beispielsweise Igeln und anderen Tieren Nahrung und

▸ Überwinterungsmöglichkeiten. Fledermauskästen bieten ungestörte Schlafplätze und ersetzen die immer weniger werdenden Unterschlupfmöglichkeiten in alten Gebäuden und hohlen Bäumen. Auch du kannst dich in verschiedenen Naturschutzprojekten engagieren und dazu beitragen, dass Lebensräume für Pflanzen, Tiere und Menschen geschützt und erhalten werden. Zahlreiche Umweltschutz- und Naturschutzverbände wie zum Beispiel der NABU und der BUND bieten Aktionen und Arbeitsgruppen für Kinder und Jugendliche an.

2 Renaturierter Bach im Oberlauf

▶ Wohin mit dem Müll?

1 Erkunde deine Umgebung: Schau dich in deiner Schule und auf dem Schulgelände um. Schau dich auch auf dem Weg nach Hause um.

So viel Müll
- Wo liegt Müll herum?
- Gibt es Orte mit besonders viel Müll?
- Welcher Müll stinkt? Welcher Müll ist eklig? Welcher Müll ist interessant?

Müll gehört in Mülleimer
- Wo gibt es Mülleimer?
- Für welchen Müll gibt es besondere Mülleimer oder Container?
- Wie sehen die verschiedenen Mülleimer aus?

Gefährlicher Müll
- Welcher Müll ist für Menschen gefährlich?
- Welcher Müll ist gefährlich für Tiere?
- Welcher Müll stört in der Natur?

Dokumentiere eine Woche lang deine Beobachtungen. Mache dir Notizen oder mache Fotos. Tauscht euch dann in der Klasse aus.

2 Bearbeitet in Gruppen eine der folgenden Aufgaben.

Aufgabe 1

So viel Müll - Eine Foto-Ausstellung

Wo findet ihr Müll? Welcher Müll ist eklig, interessant, gefährlich? Macht Fotos davon. Ordnet sie und schreibt passende Bildunterschriften dazu. Gestaltet einen Raum mit den Fotos. Präsentiert den anderen eure Ausstellung.

Aufgabe 2

Wohin mit dem Müll? - Eine Führung durch die Schule

Zeichnet zunächst eine Karte von eurer Schule und vom Schulgelände. Erkundet dann:
· Wo findet ihr Mülleimer?
· Welcher Mülleimer ist für welchen Müll?
· Wie sehen die verschiedenen Mülleimer aus?
· Wo fehlen Mülleimer?

Tragt die Standorte in eure Karte ein. Bereitet dann eine Führung durch die Schule und das Schulgelände vor und präsentiert eure Ergebnisse.

Aufgabe 3

Was können wir besser machen? - Ein Brief an die Schulleitung.

Überlegt: Was könnt ihr an eurer Schule besser machen? Wie könnt ihr Müll vermeiden? Wie könnt ihr die Schule und den Schulhof sauber halten? Schreibt einen Brief mit Vorschlägen an die Schulleitung.

Diese Fragen können euch helfen:
· Verwenden wir in der Mensa Plastikbecher?
· Gibt es auf dem Schulhof genügend Mülleimer?
...

GR ▶ S. 202   **Die Inversion**

Position 1	Position 2	
Die Kühe	produzieren	zuerst die Milch.
Störche	fliegen	im Winter in den Süden.
Wir	trennen	in Deutschland den Müll.
Zuerst	produzieren	die Kühe die Milch.
Im Winter	fliegen	Störche in den Süden.
In Deutschland	trennen	wir den Müll.

GR ▶ S. 193
      S. 203   **Passiv**

	Position 2		Partizip II
Der Baum	wird	im Frühjahr	gepflanzt.
Die Äpfel	werden		gekauft.
Die Kühe	werden	vom Bauern	gefüttert.
Aus Milch	wird	Sahne	gemacht.

GR ▶ S. 188
      S. 203   **Trennbare Verben**

Manche Verben stehen im Satz getrennt, zum Beispiel *abholen, einkaufen, anziehen,* …

		Position 2		Satzende
abholen:	Ein Kühllaster	holt	die Milch	ab.
einkaufen:	Wir	kaufen	Brot und Käse	ein.
anziehen:	Die Schülerin	zieht	eine Jacke	an.
abwerfen:	Der Baum	wirft	seine Blätter	ab.

GR ▶ S. 196   **Komposita**

Bestimmungs- + wort	Grundwort	→	Kompositum
der Kaffee +	**der** Becher	→	**der** Kaffeebecher
die Milch +	**der** Karton	→	**der** Milchkarton
die Zeitung +	**das** Papier	→	**das** Zeitungspapier
das Plastik +	**die** Verpackung	→	**die** Plastikverpackung

bestehen aus + Dativ

S. 195
S. 200

bestehen aus	+ Dativ
Ein / Der Baum besteht aus ...	ein**em** / **dem** Stamm.
	ein**er** / **der** Baumkrone.
	ein**em** / **dem** Blatt.
	Blätter**n** / den Blätter**n**.
	Wurzel**n** / den Wurzel**n**.

Tipp: Auch nach *bei, mit, von, zu, nach* ... stehen die Nomen im **Dativ**!

Wichtige Wörter und Wendungen

Das kann ich:

Das Wetter beschreiben
Es regnet. / Es schneit. / Es ist bewölkt / heiß / windig / ...
Draußen sind es ... Grad.

Vergleiche ausdrücken
In Oslo ist es kälter als in Hamburg.
Es ist in Oslo genauso kalt wie in Moskau.

Jahreszeiten und Zeiträume benennen
Im... Frühling / Sommer / Herbst / Winter ...
Im Juli ... / Von Juli bis September ...

Etwas genauer sagen
Ich bin im Frühling geboren und zwar am 25. Februar.

Pflanzen und Bäume beschreiben
die Baumkrone, der Ast, der Stamm, die Wurzeln ...
Mein Blatt ist oval. Die Blattoberfläche ist glatt. ...

Verschiedene Fragen stellen
Wohin / Wann / Wie lange / Wo / Wie... ?

Reihenfolgen beschreiben
Erst... Dann ... Danach... Nun... Jetzt...

Etwas zuordnen

Plastik	gehört	in den gelben Sack.
Papier	gehört	in die Papiertonne. ...

6 Mensch und Gesundheit

  ▶ **1 Schau dir die Bilder an. Was siehst du?**

Die Frau isst einen Apfel.

...

🔊 ▶ 2.16 ▶ **2 Höre zu. Was hörst du?**
Zeige bei jedem Geräusch auf das passende Bild.

ⓘ ▶ **In diesem Kapitel lernst du:**

▸ wie unser Körper aufgebaut ist
▸ über gesunde Ernährung und Fitness sprechen
▸ wie es beim Arzt abläuft
▸ Nahrungsmittel ordnen und ihre Zusammensetzung beschreiben
▸ einen Versuch durchführen und beschreiben

Fit sein!

 ▶ **1 Was siehst du auf den Bildern? Wer ist das? Was machen die Personen?**

▶ **2 Was denkst du: Was muss ein Leistungssportler tun, um fit zu sein? Kreise die passenden Hinweise ein und formuliere Ratschläge.**

Ein Leistungssportler muss...

... täglich trainieren.	... viel Obst essen.	... täglich 10 Stunden schlafen.
... viel Fettes essen.	... ins Fitnessstudio gehen.	... viel Wasser trinken.

 ▶ 2.17 ▶ **3 Thomas Wilhelmi ist der Fitnesscoach vom FC Bayern München. Er hat dem Radiosender Sport fm ein Interview gegeben. Höre das Interview. Worum geht es? Entscheide.**

Es geht um ...

◯ Tipps für Sportler.
◯ Thomas Wilhelmis Arbeit beim FC Bayern München.
◯ Tipps zum Abnehmen.

4 Höre das Interview noch einmal in Abschnitten.

a In welchen Phasen verläuft ein Trainingstag? ◀ 👂 🔊 ▶ 2.18 📖
Lies die Phasen im Kasten und höre Abschnitt 1 des Interviews.
Ergänze den Ablaufplan mit den passenden Phasen.

1. _____
2. _____
3. _____
4. _____

Schwimmen   Entspannung   Fußballtraining   Krafttraining

gemeinsames Frühstück   Massage   Gymnastiktraining

b Höre Abschnitt 2 des Interviews. Welche Ernährung brauchen ◀ 👂 🔊 ▶ 2.19 📖
Profisportler? Entscheide: Richtig oder falsch?

	richtig	falsch
viele Kohlenhydrate	○	○
wenig Kohlenhydrate	○	○
Proteine für die Muskeln	○	○
viele Fette	○	○
viel Wasser	○	○

c Höre Abschnitt 3 des Interviews. Welche Tipps gibt Thomas ◀ 👂 🔊 ▶ 2.20 📖
Wilhelmi Hobbysportlern? Entscheide.

Hobbysportler sollten ...

○ trainieren, um fit zu sein.
○ viel essen.
○ individuell trainieren.
○ Teamgeist zeigen.

5 Überlegt euch Unterschiede und Gemeinsamkeiten zwischen Hob- ◀ 👥 💬
bysportlern und Profisportlern. Sprecht in Gruppen darüber.

Beispiel: Profisportler trainieren täglich. Hobbysportler trainieren ...
          Beide ...

Wir bewegen uns

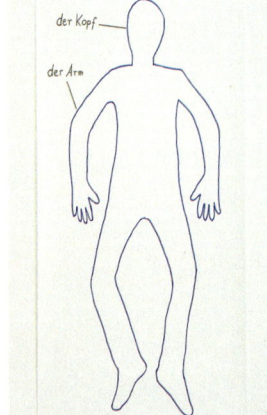

 ▶ Wir erkunden unseren Körper. Macht die Übungen und achtet dabei genau auf euren Körper.

1 Malt eure Körperumrisse auf Plakate. Markiert und benennt die Körperteile.

der Kopf	die Brust	der Arm	der Oberarm
der Rumpf	das Bein	das Knie	der Unterarm
die Hand	der Oberschenkel	der Finger	der Fuß
der Bauch	der Rücken	der Unterschenkel	

2 a An welchen Stellen könnt ihr euren Körper bewegen? Markiert die Stellen auf dem Plakat. Das sind die Gelenke.

Gelenke:
– Kopf
– Schulter
....

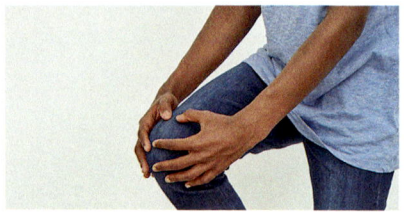 

 ▶ **b Macht eine Liste der Gelenke. Schreibt in euer Heft.**

3 An welchen Stellen ist euer Körper fest? Tastet die Knochen und zeichnet sie im Plakat ein.

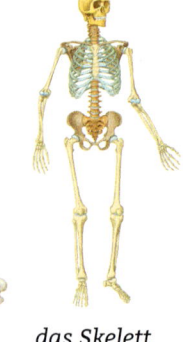

der Knochen   das Skelett

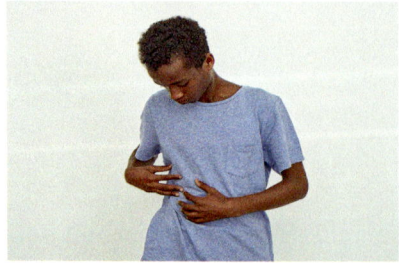 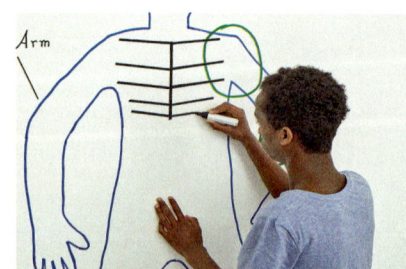

4 Wie ist unser Körper aufgebaut? Beschreibt eure Plakate.

Unser Körper besteht aus Armen, Beinen ... .
In den Armen und Beinen sind ... . Im ... sind auch ... .
Zwischen den Knochen gibt es ... .

5 Beugt den Arm vor und zurück. Fasst dabei an den Oberarm.

a Was fühlt ihr? Was seht ihr?

b Beschreibt, was passiert. Formuliert passende Sätze mit Wenn..., dann... .

> Wenn ich den Arm strecke, ...   Wenn ich den Arm beuge, ...

> Der Oberarm wird weich/fest.   Der Muskel hebt sich/senkt sich.

> Wenn ich den Arm strecke, dann wird ...

> **Wenn** wir einen Muskel anspannen, (**dann**) wird er kürzer.

6 Muskeln, Knochen, Gelenke und Sehnen müssen zusammenarbeiten, damit wir uns bewegen können. Schau dir das Bild an. Beschrifte die Abbildung mit den Begriffen *Muskel*, *Gelenk* und *Knochen*.

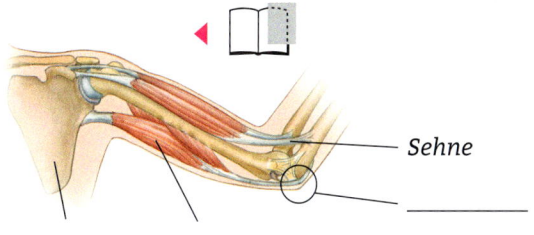

Sehne

_____

_____   _____

Phonetik: Konsonantencluster

7 a Höre die Aufnahme ein paar Mal an.   ◀ 🦻 🔊 ▶ 2.21

b Höre zu und wiederhole.   ◀ 🦻 🔊 ▶ 2.22 💬

8 Höre zu. Was hörst du? Entscheide.   ◀ 🦻 🔊 ▶ 2.23 📖

1 kochen ○	Knochen ○	6 wachsen ○	Wacken ○
2 Rumpf ○	Ulf ○	7 gestreckt ○	Schreck ○
3 Länge ○	Gelenk ○	8 nie ○	knien ○
4 musste ○	Muskel ○	9 springt ○	bring ○
5 Kopf ○	Koffer ○		

9 a Höre zu und sprich schrittweise nach.   ◀ 🦻 🔊 ▶ 2.24 💬

b Sprich die folgenden Wörter mit demselben Trick.   ◀ 💬

muss	muss kl		Muskel
leng	lenk k	lenk	Gelenk
nie	k nie	Knie	knien

▶ **10 a Lies den Text über die Bestandteile des Körpers.**

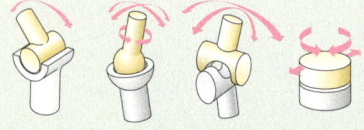

Das Skelett bildet die Grundstruktur unseres Körpers. Es besteht aus mehr als 200 Knochen, die miteinander verbunden sind. Die Knochen sind hart und fest. Das Skelett gibt unserem Körper Halt.

5   Damit wir uns bewegen können, sind die Knochen durch Gelenke miteinander verbunden. Die Gelenke sind beweglich. So können wir zum Beispiel unsere Arme und Beine nach oben und unten oder im Kreis bewegen. In unserem Körper haben wir genau 143 Gelenke.

Knochen und Gelenke allein reichen aber nicht, damit wir uns bewegen können. Wir brauchen auch Muskeln. In unserem Körper
10 haben wir über 600 Muskeln. Viele davon liegen direkt über einem Knochen oder unter einem Knochen. Wenn wir einen Muskel anspannen, wird er kürzer. So kann der Muskel zum Beispiel den Unterarm nach oben ziehen.

Außer den Knochen, Gelenken und Muskeln gibt es auch die Seh-
15 nen. Sie verbinden die Knochen und Muskeln miteinander. Außerdem machen sie die Bewegungen elastisch. In unserem Körper haben wir etwa 400 Sehnen.

 ▶ **b Ergänze die Anzahl und kreuze die passende Funktion an.**

		Knochen	Gelenke	Muskeln	Sehnen
Anzahl		> 200			
Funktion	Knochen und Muskeln verbinden				
	Körperteile bewegen		×		
	dem Körper Halt geben				
	Bewegungen elastisch machen				

 ▶ **c Was weißt du über deine Knochen, deine Muskeln, deine Gelenke und deine Sehnen? Berichte in der Klasse.**

Als Schüler musst du in der Schule viel sitzen. Damit du keine Rückenprobleme bekommst, ist es wichtig, dass du eine stabile Rumpfmuskulatur hast. Hier siehst du ein paar Übungen für die Rumpfmuskulatur.

11 a Schau dir die Übungen an und lies die Anleitungen unten. Welche Anleitung passt zu welcher Übung? Ordne zu.

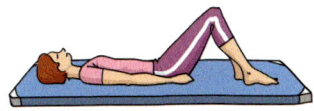

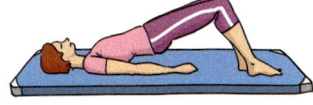

Übung 1   *Übung 2*   *Übung 3*

A

1. Auf den Boden knien. Mit den Händen abstützen. Den Rücken gerade halten.
2. Den Rücken durchdrücken.
3. Den Rücken anheben und dann ganz rund machen.

Die Übung 15 Mal wiederholen.   Übung ____

Infinitiv:
Mit den Händen **abstützen**.

Imperativ:
Leg dich **hin**!
Wiederhole die Übung!

B

1. Lege dich auf den Boden. Winkle die Beine an. Umfasse die Knie.
2. Ziehe die Beine zur Brust. Der Rücken bleibt auf dem Boden.

Wiederhole die Übung 20 Mal.   Übung ____

C

1. Lege die Arme lang neben den Körper.
2. Hebe die Hüfte vom Boden. Kopf, Arme und Füße bleiben auf dem Boden.

Wiederhole die Übung 15 Mal.   Übung ____

b Führt die Übungen in der Klasse durch. Gebt euch Anweisungen und helft euch gegenseitig.

Beim Arzt

  **1 Schau dir das Bild an. Was passiert hier?**

  2 a Schau dir die Bilder an. Welche Personen siehst du? Was machen sie?

  2.25 **b Höre die Gespräche. Welches Gespräch passt zu welchem Bild? Nummeriere die Bilder in der richtigen Reihenfolge.**

 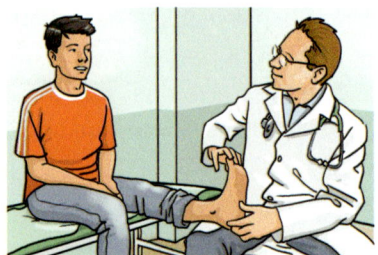

3 Höre das Ende des Untersuchungsgesprächs noch einmal und löse die Aufgaben.  2.26

a Welche Beschwerden hat Amir? Entscheide: Richtig oder falsch?

	richtig	falsch
Amirs Fuß tut weh.	○	○
Amir kann den Arm nicht richtig bewegen.	○	○
Amirs Fuß ist gebrochen.	○	○

b Was empfiehlt Dr. Winter? Kreuze an.  2.27

Der Patient sollte...
- ... den Fuß kühlen. ○
- ... Sport machen. ○
- ... viel Tee trinken. ○
- ... Schmerzgel auftragen. ○
- ... den Fuß hochlegen. ○
- ... viel schlafen. ○
- ... warme Socken anziehen. ○

> **Beschwerden äußern:**
> Ich habe Husten / Schnupfen / Fieber.
> Ich habe Bauch- / Hals- / Kopf-schmerzen.
> Mein/e Fuß / Hand / Kopf / Bauch / ... tut weh.
> Mir ist schlecht / übel /schwindelig.
> Ich bin oft müde / traurig / unkon-zentriert.

4 Die Kinder sind krank. Welche Beschwerden haben sie? Formuliere die Aussagen der Kinder.

> **Beschwerden abstufen:**
> Ich habe **leichte / starke / sehr starke** Schmerzen.
>
> Mein Fuß tut **ein bisschen / etwas / sehr** weh.

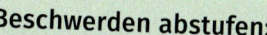

> mein / dein / sein / ihr   Fuß
> meine / deine / seine / ihre   Hand
> mein / dein / sein / ihr   Bein
> meine / deine / seine / ihre   Hände

5 In der Schule gibt es eine Krankenstation. Die Schülerinnen und Schüler können dort hingehen, wenn sie sich nicht gut fühlen. Macht Rollenspiele. Die Lehrerin / der Lehrer gibt euch eine Rollenkarte. Arbeitet mit einer Partnerin / einem Partner. Fragt euch gegenseitig.

Hallo. Was kann ich für dich tun? – Ich habe … . / Mein … tut weh.

  ▶ 2.28 ▶ **6** Höre das Gedicht an und lies mit. Welchen Titel könnte das Gedicht haben?

tür auf
einer raus
einer rein
fünfter sein
5 tür auf
einer raus
einer rein
vierter sein
tür auf
10 einer raus
einer rein
dritter sein
tür auf
einer raus
15 einer rein
zweiter sein
tür auf
einer raus
einer rein
20 nächster sein
tür auf
einer raus
selber rein
tagherrdoktor   Ernst Jandl

Phonetik: *R*-Laute

 ▶ **7 a** Markiere alle *r*, die am Anfang oder am Ende eines Wortes stehen.

 ▶ 2.28 ▶ **b** Höre das Gedicht an. Welche *r* kannst du hören, welche nicht?

 ▶ 2.28 ▶ **c** Höre das Gedicht noch einmal. Was hörst du, wenn du kein *r* hörst?

8 Versuche jetzt, das *r* am Ende selbst so zu sprechen, wie du es auf der Aufnahme hörst. Achte besonders auf die *r* am Ende des Wortes. Die Anleitung hilft dir.

einnnn

a

1. Sprich das Wort „einer" mit einem langen „n".

2. Ziehe mit dem Zeigefinger das Kinn nach unten. Der Laut klingt wie die Endung von „einer" – also eine Mischung aus „e" und „a".

9 Höre die Beispiele und sprich nach. Achte auf die Aussprache der *r*. Nutze die Hilfe mit dem Zeigefinger.  2.29

10 Höre den Unterschied zwischen den beiden *R*-Lauten und lies mit.  2.30

vier	auf allen Vieren
Sportler	Sportlerin
Tür	Türen

11 Ergänze die Tabelle. Sprich dann beide Wörter einer Zeile.

männlich	weiblich
Schüler	Schülerin
	Sportlerin
Apotheker	
	Direktorin
Lehrer	

12 a Höre die zweite Fassung des Gedichts. Überlege mit einem Partner / einer Partnerin, wie der Kranke im Wartezimmer klingt. Ist er auch ungeduldig? Oder wirkt er anders?  2.31

b Sprecht das Gedicht in verschiedenen Stimmungen: ungeduldig, ängstlich, wütend… .

„Eure Nahrungsmittel sollen eure Heilmittel sein."

Η τροφή σας ας γίνει φάρμακο σας.

Das hat der berühmte griechische Arzt Hippokrates (Altertum) gesagt.

 ▶2.23

▶ **1 a Höre die Sprichwörter zum Thema „Essen". Welche Sprachen sind das? Verbinde.**

A trecut baba cu colacii. Die Oma mit dem Kuchen ist schon vorbeigegangen.	Polnisch
Zjedzony chleb jest ciężki do zarobienia. Gegessenes Brot ist schwer zu verdienen.	Kurdisch
Şor bûn, şorbe nebû. Wörter fielen, die Suppe misslang.	Englisch
Kimi yer, kimi bakar. Kıyamet ondan kopar. Die Welt geht unter, wenn einige essen und anderen nur zuschauen.	Italienisch
Troppi cuochi guastano la cucina. Zu viele Köche verderben die Küche.	Russisch
Не хлебом единым сыт человек. Brot alleine wird dich nicht satt machen.	Französisch
An apple a day keeps the doctor away. Ein Apfel am Tag hält den Arzt fern.	Türkisch
L'appétit vient en mangeant. Der Appetit kommt beim Essen.	Griechisch
Σκόρδο και νερό κάνει τον ανθρώπο γερό. Knoblauch und Wasser machen den Menschen stark.	Rumänisch
(يأكل حتى يعيش لا ، يعيش حتى يأكل المرء) __ Man isst, um zu leben, man lebt nicht, um zu essen.	Arabisch

▶ **b Was denkst du: Was bedeuten die Sprichwörter? Sprecht darüber.**

Ich denke, das polnische Sprichwort bedeutet, …

▶ **2 Der deutsche Philosoph Ludwig Feuerbach (19. Jahrhundert) hat gesagt: „Der Mensch ist, was er isst." Was bedeutet dieser Spruch? Was denkst du: Stimmt der Spruch?**

Was essen wir?

1 a Stelle dir aus den Lebensmitteln am Büfett ein gutes Frühstück zusammen. Schreibe auf, was du vom Büfett auswählst.
  Ich nehme zwei Scheiben Brot, ein Ei, Käse, ...

Tipp:
Das Verb *nehmen* steht mit dem Akkusativ.

b Was isst du normalerweise zum Frühstück? Gibt es das auf dem Büfett?

c Lebensmittel kann man in verschiedene Gruppen ordnen. Ordne die Lebensmittel aus deinem Frühstück den Gruppen zu und berichte.

Beispiel:
Das Brötchen ist ein Getreideerzeugnis.
Die Orange gehört zum Obst. ...

2 Welche Lebensmittel gibt es in deinem Land? Wie heißen die Lebensmittel in deiner Sprache? Zu welchen Lebensmittelgruppen gehören sie? Berichte.

Eine gesunde und ausgewogene Ernährung ist wichtig für unseren Körper. Die DGE (Deutsche Gesellschaft für Ernährung) gibt Tipps, worauf wir achten sollten.

  ▶ **3** **a Schau dir den Lebensmittelkreis an und lies die Tipps.**

Der DGE-Ernährungskreis – Wegweiser für eine vollwertige Ernährung

– Wähle aus allen 7 Lebensmittelgruppen.

– Berücksichtige das dargestellte Mengenverhältnis.

– Nutze die Lebensmittelvielfalt der einzelnen Gruppen.

 ▶ **b Was bedeuten die drei Tipps? Sprecht in Gruppen darüber.**

 ▶ **c Richtig oder falsch? Entscheide.**

	richtig	falsch
Man sollte aus allen Lebensmittelgruppen gleich viel essen.	○	○
Man sollte keine Fette essen.	○	○
Man sollte mehr Obst als Fleisch essen.	○	○
Man sollte viele verschiedene Produkte aus den einzelnen Gruppen essen.	○	○

d Wovon sollen wir wie viel essen? Ergänze die Tabelle. Schreibe in
dein Heft.

Nahrungsmittelgruppe	Nahrungsmittel (Beispiele)	Menge (sehr wenig, wenig, etwas, viel, sehr viel)
Obst	Apfel, Orange, Kiwi	viel

e Erklärt euch gegenseitig die Tabelle.
Wovon sollte man sehr wenig / wenig / etwas / viel / sehr viel
essen?

Beispiel: Man sollte viel Obst essen.

> **Ernpfehlungen geben mit "sollte"**
>
> Du **solltest** viel Obst essen.
> Man **sollte** sehr viel Wasser trinken.
> Wir **sollten** wenig Fleisch zu uns nehmen.

4 Vergleiche mit deinem Frühstück aus Aufgabe 1a. Entspricht dein
Frühstück den Mengen, die empfohlen werden?

5 Warum sollte man von den verschiedenen Lebensmitteln viel /
wenig / … essen. Hast du Ideen? Sprecht darüber.

Beispiel: Man sollte viel Obst essen, weil es Vitamine enthält.

Rundum gut versorgt – Nahrungsmittelbestandteile

  ▶ **1 Schau dir die Abbildungen an und lies den Text.**

Nahrungsmittelbestandteile

Auf Verpackungen von Nahrungsmitteln stehen Angaben über ihre Zusammensetzung. Begriffe wie Fett, Eiweiß, Kohlenhydrate, Vitamine, Mineralsalze und Ballaststoffe sind dort zu lesen. Das

5 sind Fachbegriffe für Nahrungsbestandteile. Fett, Eiweiß und Kohlenhydrate sind Nährstoffe.

Weitere wichtige Nahrungsbestandteile sind die Vitamine. Der Körper braucht außerdem geringe Mengen von Mineralsalzen.

10 Alle Nährstoffe geben dem Körper Energie, aber sie werden von unserem Körper unterschiedlich verarbeitet.

 ▶ **2 a Welche Nahrungsmittelbestandteile findest du auf der Fruchtgummi-Verpackung? Mache eine Liste.**
Diese Nahrungsmittelbestandteile sind im Fruchtgummi:
– Eiweiß
…

 ▶ **b Wie viel Zucker enthält eine Packung Fruchtgummi?**

▶ **c Wie viel Fett enthalten zwei Portionen Fruchtgummi?**

Einen Versuch durchführen

3 Wie kann man herausfinden, welche Nährstoffe in welchen Lebensmitteln enthalten sind? Habt ihr Ideen? Sprecht darüber.

4 Führt den folgenden Versuch durch. Was findet ihr heraus?

Fettfleckprobe
Material: Blatt Papier, verschiedene Lebensmittel, Öl, Wasser
Durchführung:
1. Reibe kleine Mengen der verschiedenen Lebensmittel an unterschiedlichen Stellen auf das Papier.
2. Mache einen kleinen Wasser- und einen kleinen Ölfleck auf das Papier.
3. Beschrifte alle Stellen.
4. Warte bis der Wasserfleck getrocknet ist.
5. Halte jetzt das Papier ins Licht.
Beobachtung
Was beobachtest du?
Erklärung
Was bedeutet das? Kannst du deine Beobachtung erklären?

5 Stellt den Versuch in der Klasse vor. Nutzt die Redemittel.

  a Was braucht man für den Versuch? Nennt die Materialien.
  b Beschreibt die Durchführung. Wie funktioniert die Fettfleckprobe?
  c Was habt ihr beobachtet?
  d Was ist eure Erklärung? Was habt ihr herausgefunden?

Material
Man braucht …

Durchführung
Zuerst nimmt man …
Danach …

Beobachtung
Man sieht …
Der Fettfleck …
Der Wasserfleck …
Manche Stellen auf dem Blatt … Andere Stellen …

Erklärung
Das bedeutet, dass …
Ich denke …
Vielleicht …
Meine Erklärung ist …

Wie viel Energie brauchen wir? – Energieumsatz

Auf der Fruchtgummi-Verpackung ist auch der Energiegehalt angegeben. Er wird in kJ (sprich: Kilojoule) angegeben.

  ▶ **1** Schau dir die Fruchgummi-Verpackung an. Wie viel kJ enthält eine Portion Fruchtgummi?

 ▶ **2** Schau dir die Tabelle an. Sie zeigt den Energiegehalt von anderen Lebensmitteln.

Getreideprodukte		Fleisch/Fisch		Milch/Ei	
Brötchen	974	Hähnchen	726	Vollmilch	267
Cornflakes	1490	Rinderfilet	428	Joghurt	245
Spaghetti	1513	Bockwurst	1159	Goudakäse	1253
Vollkornbrot	965	Lachs	845	Ei	667
Obst/Gemüse		**Süßigkeiten**		**Getränke**	
Apfel	220	Schokolade	2200	Cola	237
Banane	392	Marzipan	1895	Limonade	206
Kartoffeln	292	Bonbons	1623	Apfelsaft	206
Blumenkohl	92	Weingummi	1377	Wasser	0

Energiegehalt verschiedener Lebensmittel (in kJ pro 100 g)

 ▶ **a** **Beschreibe:** Welche Lebensmittel oder Lebensmittelgruppen enthalten wie viel Energie?

Beispiel: Brötchen enthalten 974 Kilojoule pro hundert Gramm.

 ▶ **b** **Vergleiche:** Welche Lebensmittel oder Lebensmittelgruppen enthalten besonders viel Energie? Welche liefern wenig Energie?

Beispiel: Brötchen enthalten weniger Energie als Cornflakes.

Hundert Gramm Hähnchenfleisch enthalten mehr Energie als hundert Gramm Rinderfilet.

Süßigkeiten enthalten besonders viel Energie.

Wie viel Energie brauchen wir?

Die Abbildung zeigt den Energiebedarf eines 12-jährigen Jungen bei Bettruhe, an einem Schultag ohne Sport und an einem Schultag mit Sport.

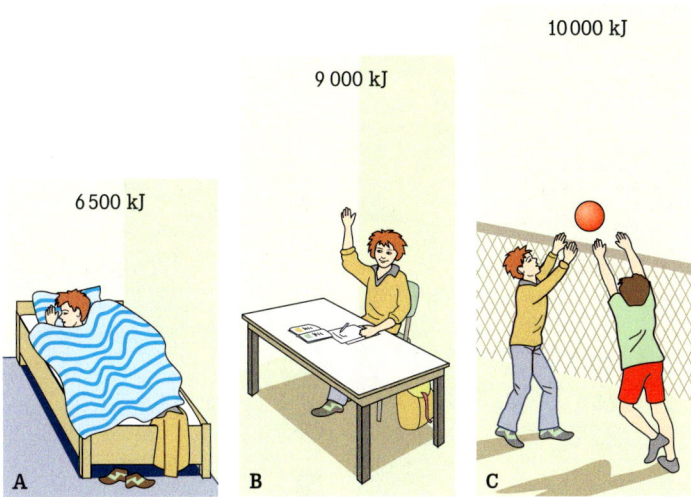

3 a Schau dir die Abbildung an. Wie viel Energie benötigt ein 12-Jähriger Junge in den drei Situationen? Ergänze die Lücken.

Ein 12-jähriger Junge benötigt bei Bettruhe _____ kJ Energie. An einem Schultag _____ Sport liegt der Energiebedarf für einen 12-jährigen Jungen bei 9 000 kJ. An einem Schultag _____ Sport liegt der Energiebedarf bei _____ kJ.

b Warum benötigt man in den verschiedenen Situationen mehr / weniger Energie? Sprecht darüber.

4 a Was darf ein 12-jähriger Junge an einem Schultag mit Sport alles essen? Stelle aus der Tabelle aus Aufgabe 2 eine Liste von Nahrungsmitteln zusammen, die seinen Energiebedarf an einem Schultag mit Sport decken.

b Welche verschiedenen Möglichkeiten gibt es? Vergleicht eure Listen in der Klasse.

5 Was passiert, wenn wir mehr Energie zu uns nehmen, als nötig? Was passiert, wenn wir weniger Energie zu uns nehmen, als nötig? Sprecht darüber.

Schau dir die Bilder an und beschreibe den Tagesablauf der beiden Jungen. Was essen die beiden wann? Was machen sie sonst am Tag?

Wie findest du das?

Wem möchtest du Tipps geben?

Formuliere so:
Du solltest ...

Oder so:
Iss mehr / weniger ...
Mach ...

7⁰⁰ Uhr

9³⁰ Uhr

13³⁰ Uhr

Immer gut drauf

1. Jonas (obere Bildfolge) und Michel (untere Bildfolge) sind Freunde und gehen in dieselbe Klasse. Beschreibe die Tagesabläufe der beiden Jungen mit Hilfe der Abbildung. Welche Unterschiede fallen dir auf?

2. Die Mahlzeiten von Jonas und Michel unterscheiden sich in der Zusammensetzung und der Menge von Nährstoffen. Sie haben deshalb auch einen unterschiedlichen Energiegehalt. Du findest die entsprechenden Angaben in Kilojoule (kJ) auf den Bildfolgen und der Abbildung 1. Liste die Zahlen für Jonas und Michel getrennt auf, addiere sie und vergleiche.

3. Lebewesen benötigen auch während des Schlafes und der körperlichen Ruhe Energie. Welche Organe des Körpers sind dafür verantwortlich?

4. a) Stelle in zwei getrennten Listen die in der Abbildung dargestellten Tätigkeiten der beiden Jungen zusammen. Schreibe z. B.: „2 Stunden Computerspiele". Berücksichtige dabei, dass beide etwa 10 Stunden schlafen und 6 Stunden in der Schule lernen.

b) Ordne jeder Tätigkeit den entsprechenden Energieaufwand zu. In der Abbildung 1 rechts findest du dazu die notwendigen Angaben. Für die 5 Stunden, die an dem Tag nicht im Einzelnen angegeben worden sind, kannst du für jeden Jungen 1000 kJ berechen.
c) Addiere die Werte für jeden der beiden Jungen und vergleiche.
d) Vergleiche für jeden Jungen den Gesamtenergiegehalt seiner Nahrung mit dem jeweiligen Gesamtenergieaufwand.

5. Überlege, wie sich der Körper von Jonas und Michel mit der Zeit verändern würden, wenn jeder Tag so abliefe?

6. Mache Vorschläge, durch welche Maßnahmen Jonas und Michel im Laufe der Woche Nahrungszufuhr und Energieaufwand ausgleichen könnten. ⇨

7. Stelle deinen eigenen Energieaufwand für die Nachmittage und Abende einer Woche auf und vergleiche deine Ergebnisse mit denen deiner Mitschülerinnen und Mitschüler.

4000 kJ

1800 kJ

15⁰⁰–17⁰⁰ Uhr   18⁰⁰–19⁰⁰ Uhr   19³⁰ Uhr

Während unserer gesamten Lebenszeit benötigt unser Körper Energie. Rund um die Uhr arbeiten alle inneren Organe des Menschen wie Herz, Lunge und auch das Gehirn. Um diese lebenswichtigen Vorgänge aufrecht zu erhalten, ist ständig Energie nötig – auch wenn wir schlafen. Hinzu kommt noch der Energiebedarf für körperliche und geistige Leistungen, wie sie zum Beispiel in der Schule erwartet werden. Deshalb müssen wir regelmäßig essen. Die Lebensmittel enthalten die notwenigen Nährstoffe, die unseren Körper mit dieser Energie versorgen.

Sind die Zufuhr und der Aufwand von Energie im Laufe einer Woche in etwa ausgeglichen, bleibt das Körpergewicht ungefähr gleich. Regelmäßige sportliche Bewegung hilft uns dabei. Außerdem wird das Herz trainiert und der Körper gut durchblutet. So werden alle Organe ausreichend mit Sauerstoff versorgt, was auch dem Gehirn zugute kommt. Ernähren wir uns ausgewogen und treiben regelmäßig Sport, steigern wir unsere Leistungsfähigkeit und schaffen damit gute Voraussetzungen für ein gesundes Leben.

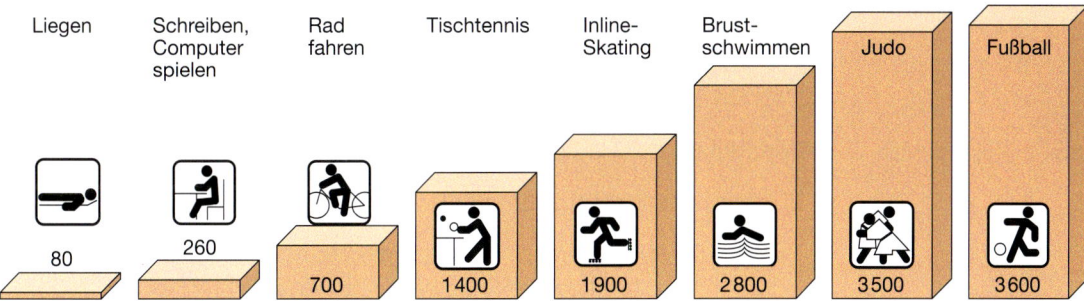

| Liegen | Schreiben, Computer spielen | Rad fahren | Tischtennis | Inline-Skating | Brust-schwimmen | Judo | Fußball |
| 80 | 260 | 700 | 1400 | 1900 | 2800 | 3500 | 3600 |

1 Energieaufwand für verschiedene Tätigkeiten in kJ pro Stunde

⚑A ▶ # Rezepte aus aller Welt

Ein internationales Kochbuch erstellen

1 a Schaut euch die Bilder an. Was machen die Personen? Welche Gegenstände erkennt ihr?

b Schaut euch das Buchcover an. Was ist das für ein Kochbuch? Was könnte „Eine Prise Heimat" bedeuten?

2 Kennt ihr Rezepte aus euren Heimatländern? Tauscht euch darüber aus. Die Fragen im Kasten helfen euch.

- Für welches Gericht ist das Rezept?
- Wie heißen die Zutaten in eurer Sprache?
- Wie wird das Gericht zubereitet?
- Was ist das Besondere an dem Rezept?
  Braucht man dafür spezielle Zutaten / Gewürze?
  Was ist besonders schwierig bei der Zubereitung?
- Wird das Gericht zu bestimmten Anlässen / Festen gekocht?

3 Erstellt ein Kochbuch mit Rezepten aus euren Heimatländern. So könnt ihr vorgehen.

1. Vorbereitung

Überlegt euch, wie euer Kochbuch aufgebaut sein soll. Soll es Rezepte für Vorspeisen, Hauptspeisen und Nachtische geben? Ist das Kochbuch nach Ländern aufgeteilt?
Wie soll das Kochbuch heißen? Soll das Kochbuch eine Titelseite haben?

2. Durchführung

Jede Schülerin und jeder Schüler gestaltet eine Seite mit seinem Rezept. Achtet darauf, dass alle Informationen enthalten sind. Ihr könnt auch Zeichnungen oder Fotos einfügen.

- Wie heißt das Gericht?
- Für wie viele Personen ist es gedacht?
- Welche Zutaten braucht man?
- Welche Küchengeräte muss man benutzen?
- Wie viel Zeit braucht man zum Kochen?
- Wie geht man vor?

Libanesisches Taboulé

Zutaten:
200 g Bulgur
1 Brühwürfel
250 g Tomaten
1 Gurke
4 kleine Lauchzwiebeln
1 Zitrone
1/2 Bund Minze
Olivenöl
Salz und Pfeffer

Zubereitung:

500 ml Wasser mit dem Brühwürfel aufkochen und Bulgur hinzugeben. 12 – 15 Minuten köcheln lassen. Danach durchziehen und abkühlen lassen. Tomaten, Gurke, Lauchzwiebeln und Minzblätter klein schneiden. Zitrone auspressen. Alle Zutaten vermischen und mit Pfeffer und Salz abschmecken. Eine Stunde in den Kühlschrank stellen. Am Ende etwas Olivenöl hinzufügen.
Guten Appetit!

3. Ergebnis

Locht alle Seiten und bindet sie mit Bändern zu einem Buch zusammen. Wenn ihr die Seiten vorher kopiert, kann jeder ein eigenes Kochbuch bekommen.

4 Gibt es in eurer Schule eine Küche? Dort könnt ihr ein Rezept ausprobieren.

 ▶ S. 203
S. 201
Wenn..., dann-Sätze

| **Wenn** | ich den Arm | strecke, | **(dann)** | senkt | der Muskel sich. |
| **Wenn** | ich den Arm | beuge, | **(dann)** | wird | der Oberarm fest. |

In Nebensätzen mit *wenn* steht das finite Verb am Ende.

 ▶ S. 190
Imperativ

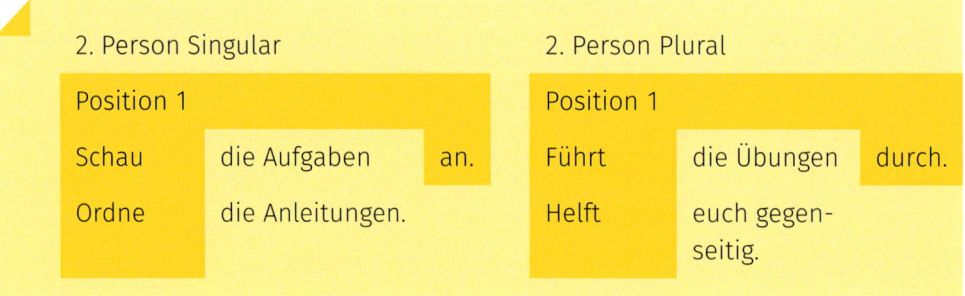

2. Person Singular			2. Person Plural		
Position 1			Position 1		
Schau	die Aufgaben	an.	Führt	die Übungen	durch.
Ordne	die Anleitungen.		Helft	euch gegen-seitig.	

Bildung:

Bei einigen Verben wird in der 2. Person Singular auch ein -e angehängt.

(z. B.: Wiederhol**e**! Heb**e**!)

		Indikativ Präsens	Imperativ
2. Person Singular	**du**	schaust	→ Schaust!
	du	ordnest	→ Ordnest!
2. Person Plural	**ihr**	führt	→ Führt!
	ihr	helft	→ Helft!

 ▶ S. 198
Possessivartikel

Die Endungen im Akkusativ und Dativ sind bei den Possessivartikeln wie bei **ein-** und **kein-**.

(z. B.: Ich nehme mein**en** Bruder mit.)

Nominativ	**Singular**	mein	dein	sein	ihr	unser	euer	Kopf
		mein**e**	dein**e**	sein**e**	ihr**e**	unser**e**	eur**e**	Hüfte
		mein	dein	sein	ihr	unser	euer	Bein
	Plural	mein**e**	dein**e**	sein**e**	ihr**e**	unser**e**	eur**e**	Ohren

Sollte

	Position 2		Infinitiv
Du	soll**test**	den Fuß	kühlen.
Der Patient	soll**te**	viel Tee	trinken.
Man	soll**te**	viel Obst	essen.
Wir	soll**ten**	viel Wasser	zu uns nehmen.

Sollte ist der Konjunktiv II des Verbs *sollen*. Diese Form wird für Empfeh-lungen verwendet und klingt höflicher als das Verb *sollen* im Indikativ.

Wichtige Wörter und Wendungen

Das kann ich:
Körperteile benennen
der Kopf, der Arm, das Bein, ...
das Gelenk, der Muskel, der Knochen, ...

Sagen, wie unser Körper aufgebaut ist
Unser Körper besteht aus ...
In den Armen und Beinen sind ...

Über Fitness sprechen
Ein Leistungssportler muss täglich trainieren / viel Wasser trinken.
...

Anweisungen geben
Auf den Rücken legen.
Heb die Hüfte vom Boden.

Beschwerden äußern
Mein/e ... tut / tun weh.
Ich habe Bauch- / Hals-/ Kopf-/ Zahnschmerzen.
Mir ist schlecht / übel / schwindelig.

Nahrungsmittelgruppen benennen und Nahrungsmittel kategorisieren
Obst, Gemüse, Milcherzeugnisse, Getreideerzeugnisse, ...
Das Brötchen ist ein Getreideerzeugnis. / Die Orange gehört zum Obst.

Nahrungsmittelbestandteile benennen
Fett, Eiweiß, Kohlenhydrate, Vitamine, Mineralsalze, Ballaststoffe ...

Die Zusammensetzung von Lebensmitteln beschreiben
Fisch enthält Eiweiß, Fett, ...
Diese Nahrungsmittelbestandteile sind in einer Tafel Schokolade:...

Empfehlungen geben
Der Patient sollte den Fuß kühlen / viel Tee trinken / viel schlafen / ...
Man sollte / Du solltest / Wir sollten wenig Fette essen / ...

Werte angeben und vergleichen
Brötchen enthalten 974 Kilojoule pro hundert Gramm.
... enthält / enthalten besonders viel / besonders wenig Energie.
... enthält / enthalten weniger / mehr Energie als ...

7 Gesellschaftliches Zusammenleben

  ▶ **1 Schau dir die Bilder an. Was siehst du?**
Ich sehe viele Jugendliche.
...

 ▶ 2.33 ▶ **2 Höre zu. Was hörst du?**
Die Personen diskutieren.
...

(i) ▶ **In diesem Kapitel lernst du:**

▶ über Aufgaben im Haushalt sprechen
▶ über ehrenamtliche Tätigkeiten sprechen
▶ das Jugendschutzgesetz verstehen
▶ die Textsorten Zeitungsartikel, Leserkommentar und formeller Brief kennen
▶ zu einer Frage Stellung nehmen, Argumente formulieren und eine Diskussion führen

Rechte und Pflichten zu Hause

  1 a Schau dir die Bilder an. Was denkst du: Wer sind die Personen? Wie leben sie? Sprecht darüber.

  b Wie lebst du?
Berichte deiner Partnerin / deinem Partner. Benutze die Rede-mittel.

> – Ich lebe mit meinen Eltern und meinen Geschwistern / meinem Bruder / meiner Schwester zusammen.
> – Ich lebe mit meiner Mutter zusammen.
> – Ich lebe mit meinem Vater zusammen.
> – Ich lebe im Wohnheim mit anderen Jugendlichen zusammen.
> ...

  2.34 **c Höre zu. Wer sagt was? Ordne zu. Trage die passende Nummer ein.**

Hörtext Nr. _____   Hörtext Nr. _____   Hörtext Nr. _____

2 a In vielen Familien werden die Aufgaben im Haushalt verteilt. Lies ◄
die Aufgabenpläne. Ordne die Aufgabenpläne den Personen aus
Aufgabe 1a zu.

Aufgabenplan 1	Aufgabenplan 2	Aufgabenplan 3
Mama: Geschirr spülen Papa: Abendessen kochen Nadya: Müll runterbringen Linus: Frühstück machen	1 x in der Woche Zimmer aufräumen Abräumen nach dem Mittagessen	15.05. – 21.05.: Putzen: Ismail Einkaufen: Yussuf Müll runterbringen: Gabriel 22.05. – 28.05.: Putzen: Gabriel Einkaufen: Ismail Müll runterbringen: Yussuf

Bild: _____   Bild: _____   Bild: _____

b Welche Aufgaben hast du zu Hause? Sprich mit deiner Partnerin / ◄
deinem Partner darüber. Benutze die Redemittel und beachte die
Grammatik.

Aufgaben:

- den Müll runterbringen
- die Lebensmittel einkaufen
- das eigene Zimmer aufräumen
- das Essen kochen
- die Wohnung putzen
- die Wäsche waschen
- die Wäsche bügeln
- das Frühstück vorbereiten

Ich **bringe** den Müll **runter**. (runterbringen)
Ich **kaufe** das Essen **ein**. (einkaufen)
Ich **räume** mein Zimmer **auf**. (aufräumen)

helfen + Dativ:

Ich helfe mein**er** Mutter (f).
Ich helfe mein**em** Bruder (m).
Ich helfe mein**en** Eltern (Pl).

▶ **3 a Das ist der Aufgabenplan für den Haushalt der Familie Jusufi.**
Schau dir den Aufgabenplan an und beantworte die Fragen.
Notiere in dein Heft.

Unsere Aufgaben	Montag	Dienstag	Mittwoch	Donnerstag	Freitag	Samstag	Sonntag
Mama	die Wäsche waschen	das Abendessen kochen	die Wohnung putzen	das Abendessen kochen	die Wäsche bügeln	das Frühstück vorbereiten und das Abendessen kochen	das Frühstück vorbereiten
Papa	das Abendessen kochen	den Müll runterbringen	das Abendessen kochen	das Geschirr abspülen	die Wäsche waschen	Lebensmittel einkaufen	das Abendessen kochen
Gabriel	das Geschirr abspülen	das Geschirr abspülen	die Wohnung putzen	das eigene Zimmer aufräumen	das Geschirr abspülen	das Bad putzen	
Leyla	den Müll runterbringen	das Bad putzen	das Geschirr abspülen	das eigene Zimmer aufräumen	das Abendessen kochen		

Der Aufgabenplan

Mit einem Aufgabenplan könnt ihr alle Aufgaben in eurer Familie oder eurer Wohngemeinschaft planen. Der Aufgabenplan zeigt dann, wer welche Aufgaben hat und bis wann jede Person die Aufgaben erledigen soll.

- Wer macht was am Montag?

  Am Montag wäscht Mama die Wäsche. Papa ...

- Welche Aufgaben hat Gabriel in der ganzen Woche?

  Gabriel spült am Montag das Geschirr ab. Am Dienstag ...

- Wer erledigt diese Aufgaben wann: die Wäsche waschen, die Wäsche bügeln, den Müll runterbringen, das Geschirr spülen? Mache Listen.

  Beispiel: die Wäsche waschen
  Mama: am Montag, Papa: am Freitag

  ▶ **b Welche Aufgaben hast du? Schreibe einen Aufgabenplan für**
deinen Haushalt in dein Heft und stelle ihn in der Klasse vor. Der
Aufgabenplan deiner Familie oder deiner Wohngemeinschaft
kann so ähnlich sein wie der Plan der Familie Jusufi.

Phonetik: Nomen und Verb

4 Höre zu. Was muss Florian heute alles tun? ◄   ▶ 2.35

5 Höre zu. Markiere das betonte Wort.

Beispiel: <u>Frühstück</u> vorbereiten ◄  ▶ 2.36

Geschirr spülen
Küche aufräumen
Müll runterbringen
Lebensmittel einkaufen
Wäsche waschen
Bad putzen
Abendessen kochen

6 Macht ein Frage-Antwort-Spiel. Achtet auf die passende Betonung. ◄

Beispiel:
A: Musst Du noch das BETT machen?
B: Nein, ich muss die KÜCHE putzen!

A	B
das Bett machen?	die Küche putzen!
Kaffee kochen?	Brot einkaufen!
Kuchen backen?	die Kaninchen füttern!
Geschirr spülen?	das Altglas wegbringen!
...	

7 a Höre zu. Welches Wort ist in der Frage betont? Welches Wort ist in der Antwort betont? Markiere die betonten Wörter. ◄   ▶ 2.37

Musst du noch die Küche putzen?
Nein, ich muss die Küche aufräumen!

b Macht ein weiteres Frage-Antwort-Spiel. Achtet auf die passende Betonung.

BROT backen?	Brot EINkaufen!
Das ZIMMER aufräumen?	das Zimmer PUTzen!
GESCHIRR abtrocknen?	Geschirr SPÜlen!
TISCH decken?	Tisch ABräumen!

8 Macht in Gruppen eine Klangcollage oder einen Rap zum Thema „Haushaltspflichten". Präsentiert eure Ergebnisse in der Klasse. ◄

Ich engagiere mich

  ▶ **1 a Schau dir die Bilder an. Was machen die Jugendlichen? Sprecht darüber.**

 ▶ **b Lies den Text. Was machen die Jugendlichen? Stimmen deine Vermutungen aus Aufgabe 1a?**

Damir ist Co-Trainer im Jugendfußball. Maria geht regelmäßig in ein Altersheim und spielt, malt, bastelt und singt mit älteren, kranken Menschen. Ozan ist bei der freiwilligen Feuerwehr.
Alle drei Jugendlichen übernehmen Verantwortung und haben wichtige gesellschaftliche Aufgaben.
So wie Damir, Maria und Ozan engagieren sich auch sehr viele andere Jugendliche in Deutschland
5 ehrenamtlich in ihrer Freizeit. Das kann zum Beispiel in Bereichen der Kultur, der Umwelt oder der Politik sein. Engagement ist wichtig für ein soziales Zusammenleben in unserer Gesellschaft.
Engagement ist eine Aufgabe in der Gesellschaft: Eine Aufgabe für eine gute Sache. Man bekommt dafür kein Geld.

▶ **c Was sind die Merkmale von ehrenamtlicher Arbeit? Markiere im Text.**

▶ **d Ordne die Aufgaben den passenden Personen zu.**

aus der Zeitung vorlesen	Feuer löschen	Pässe üben	Menschen und Tiere retten
bei Unfällen helfen	Bridge spielen	Lauftraining durchführen	Elfmeter schießen trainieren
Kaffee trinken	Aufwärmübungen machen	Erste Hilfe leisten	

Feuerwehr (Ozan)	Altersheim (Maria)	Fußballverein (Damir)
	aus der Zeitung vorlesen	

2 Zwei weitere Jugendliche berichten von ihrer ehrenamtlichen Tätigkeit. Lies die Berichte. In welchem Bereich sind die Jugendlichen tätig und was sind ihre Aufgaben?

Seit ungefähr zwei Jahren bin ich Mitglied in der NAJU (Naturschutzjugend). Im Frühjahr mache ich zum Beispiel immer bei der Krötenrettung mit. Wir stellen Zäune auf, damit die Kröten nicht von Autos überfahren werden. Dann bringen wir die Kröten in Eimern sicher über die Straße.

Ich fahre jeden Sommer in den Ferien als Betreuerin mit zur Jugendfreizeit. Das wird von der Kirche aus organisiert. Wir übernachten in Zelten, spielen mit den Kindern und machen Ausflüge. Dieses Jahr war das Thema ‚Indianer'. Da haben wir uns ein Kostüm gebastelt.

3 a Ehrenamtliche Tätigkeit gibt es in vielen verschiedenen Bereichen. Ordne die fünf Jugendlichen von Seite 164 und Seite 165 einem der folgenden Bereiche zu: Sport, Freizeit, Schule, Rettungsdienste, Umwelt, Gesundheit/Soziales, Kultur, Politik. Notiere in dein Heft.

Beispiel: Damir (Fußballtrainer) – Sport

b Für manche Bereiche gab es noch keine Beispiele. Hast du Ideen, welche ehrenamtlichen Tätigkeiten es in diesen Bereichen geben könnte? Sprecht darüber.

4 a In welchem Bereich würdest du gerne mithelfen? Recherchiere im Internet nach Möglichkeiten für gesellschaftliches Engagement in deiner Stadt. Schreibe deine Informationen in dieTabelle.

Bereich:
Aufgaben:
Internetadresse:
Ort:
Zeit:
Ansprechpartner:

b Präsentiere deine Ergebnisse in der Klasse.

Jugendschutzgesetz

  ▸ **1 a Schau dir die Bilder an. Was bedeuten die Hinweise? Sprecht darüber.**

  ▸ **b Lies die Szenen. Welche Szene gehört zu welchem Bild? Ordne zu.**

Szene 1

Togay hat Freunde eingeladen. Er möchten im Supermarkt eine Flasche Sekt und eine Flasche Whiskey kaufen. Die Kassiererin fragt: "Wie alt sind Sie? Haben Sie Ihren Ausweis dabei?"

Bild ____

Szene 2

Kim ist 12 Jahre alt. Er möchte zusammen mit seinem Freund Paul einen Filmabend machen. Die beiden haben sich in der Videothek 4 Filme ausgesucht. Aber der Mitarbeiter sagt: „Ihr dürft leider nur zwei Filme schauen. Für die anderen seid ihr noch zu jung."

Bild ____

Szene 3

Eva möchte nach der Schule Zigaretten kaufen. Aber sie ist erst 15 Jahre alt. Sie kann am Automaten keine Zigaretten bekommen.

Bild ____

2 In Deutschland regelt das Jugendschutzgesetz, was Jugendliche tun dürfen und was für sie verboten ist. Lies den Text zum Jugendschutzgesetz.

Das Jugendschutzgesetz

In Deutschland dürfen Kinder und Jugendliche nicht alles tun, was Erwachsene tun dürfen. Das Jugendschutzgesetz regelt, was Kinder und Jugendliche tun dürfen und was für sie verboten ist.
5 Das Jugendschutzgesetz will Kinder und Jugendliche beschützen.

10 Das Gesetz sagt: Wenn du jünger als 14 Jahre alt bist, bist du ein Kind. Wenn du zwischen 14 und 18 Jahre alt bist, bist du ein Jugendlicher / eine Jugendliche. Mit 18 Jahren bist du volljährig. Dann darfst du alles tun, was für Erwachsene erlaubt ist und deine eigenen Entscheidungen treffen. Du musst dafür dann aber auch die Verantwortung übernehmen.

3 a Lies die folgenden Aussagen. Was meinst du: Stimmen sie?

· Mit 17 Jahren darf man nicht in die Disko gehen.

· Jugendliche dürfen abends so lange weg bleiben, wie sie möchten.

· Jugendliche ab 14 Jahren dürfen in Deutschland rauchen.

· Mit 17 Jahren darf man keinen Alkohol trinken.

b Höre zu. Vergleiche deine Vermutungen mit den Aussagen der Jugendlichen. Was sagen die Jugendlichen zu den Themen aus Aufgabe 3 a? Mache dir Notizen.  2.38

Anna-Lena **möchte** in die Disko **gehen**. → Wunsch

Ab 16 Jahren **darf** man Bier **trinken**. → Erlaubnis

Unter 18 Jahren **darf** man <u>nicht</u> **rauchen**. → Verbot

Unter 18 Jahren **darf** man <u>keine</u> Zigaretten **kaufen**. → Verbot

Jugendliche bis 18 Jahre **müssen** die Schule **besuchen**. → Pflicht

4 Das Jugendschutzgesetz im Überblick

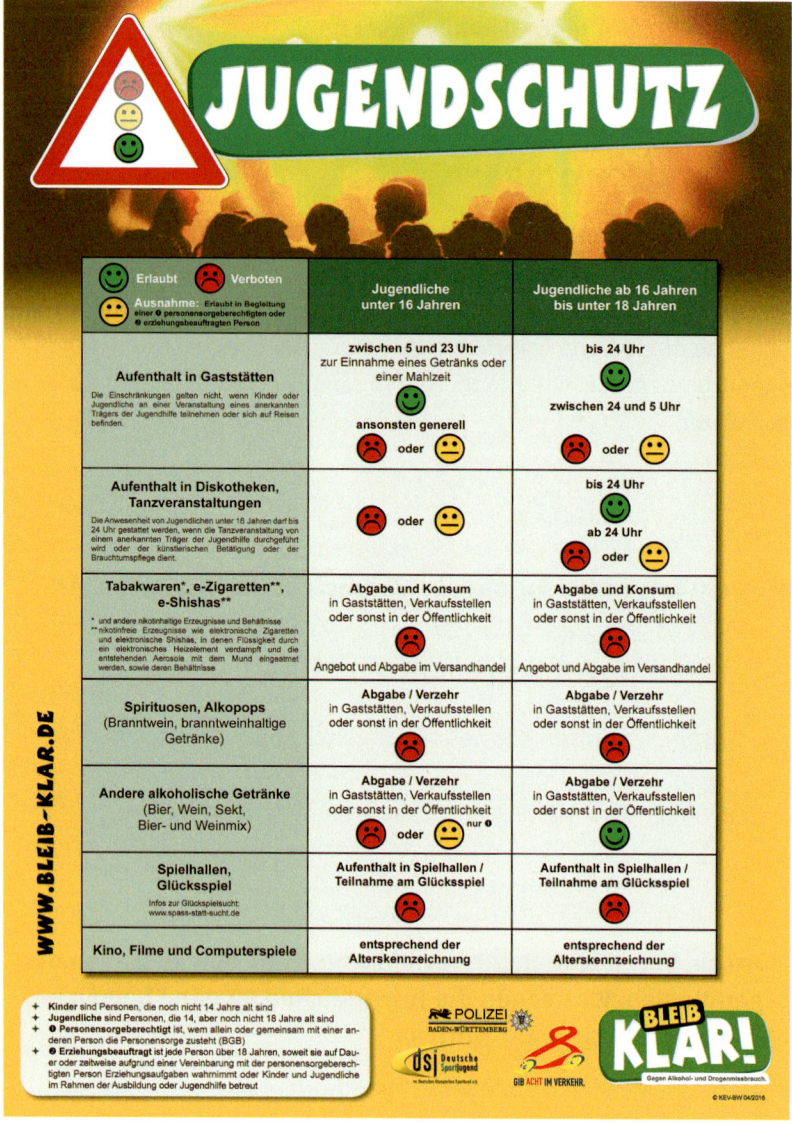

  ▶ **a** **Schau dir zuerst die Smileys auf dem Plakat an.**
Was bedeuten die drei Gesichter? Ergänze mit den Aussagen aus dem Kasten.

☺ Das lachende Gesicht bedeutet:

😐 Das neutrale Gesicht bedeutet:

☹ Das traurige Gesicht bedeutet:

> Es gibt eine Ausnahme.
> Etwas ist verboten.
> Etwas ist erlaubt.

 ▶ **b** **Schau dir das Plakat noch einmal an.**
Wo findest du etwas zum Besuch von Diskos? Wo findest du etwas zum Trinken von Alkohol?

c Lies die Sätze und kreuze an: Sind die Aussagen richtig oder falsch? Schaue dazu im Gesetz auf Seite 168 nach.

Aussage	richtig	falsch
Jugendliche unter 16 Jahren dürfen um 24:00 Uhr eine Gaststätte (z. B. ein Restaurant oder einen Imbiss) besuchen.		
Jugendliche unter 18 Jahren dürfen keine Zigaretten kaufen.		
Jugendliche ab 16 Jahren dürfen Alkopops (z. B. eine Mischung aus Limonade und Wodka) kaufen.		
Jugendliche dürfen ab 16 Jahren Bier und Sekt kaufen.		
Jugendliche dürfen mit 16 Jahren in Spielhallen gehen.		

Wenn du das Gesetz richtig lesen willst, musst du diese Präpositionen verstehen:

über: Holger ist über 16 Jahre → Holger ist älter als 16.
unter: Samira ist unter 14 Jahre. → Samira ist jünger als 14.
ab: Ab 16 Jahren darf Lisa Sekt trinken. → Wenn Lisa 16 Jahre oder älter ist, darf sie Sekt trinken.
bis: Bis zu ihrem 16. Lebensjahr muss Lisa warten. → Lisa darf noch keinen Sekt trinken, wenn sie noch nicht 16 Jahre alt ist.

5 a Geht das? Male einen passenden Smiley.

Person	Frage	Smiley
Hamsa (15 Jahre)	Hamsa möchte am Freitag mit seinen Freunden in eine Diskothek gehen.	
Lisa (14 Jahre)	Lisa möchte im Supermarkt eine Flasche Sekt kaufen.	
Holger (17 Jahre)	Holger möchte im Supermarkt eine Flasche Bier kaufen.	
Samira (13 Jahre)	Samira möchte an einem Automaten Zigaretten kaufen.	
Helen (15 Jahre)	Helen möchte zusammen mit ihren Eltern nach 24:00 Uhr in eine Kneipe gehen.	

b Was möchtest du gerne machen? Geht das? Diskutiert miteinander.

6 Wer entscheidet in deinem Land, was du tun darfst? Gibt es auch ein Jugendschutzgesetz? Tauscht euch darüber aus.

Phonetik: [ts]

7 a Schau dir die Wörter an und höre die Aufnahme. Wie wird der Buchstabe <z> im Deutschen ausgesprochen?

> Zoo   zu   Zahn   ziehen
> Zeug   zeigen   Zauberer

b Höre zu und sprich nach.

8 Hast du Schwierigkeiten mit der Aussprache? Die Anleitung hilft dir. Folge den Anweisungen und sprich nach.

Sprich ein *t*.
Sprich ein *s*.
Sprich ein *t* und ein *s* direkt nacheinander, erst langsam und dann immer schneller: *ts*, so wie in *Tsunami* oder *Tse-Tse-Fliege*.

Nun sprich noch einmal: *Zoo, zu, Zahn, zehn, ziehen, Zeug, zeigen, Zauberer*

9 a Vergleiche: Wie wird der Buchstabe <z> in anderen Sprachen ausgesprochen?

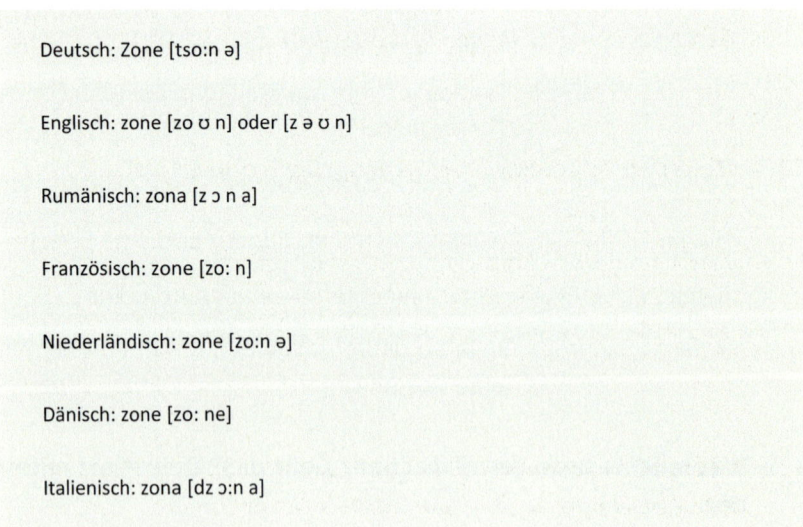

Deutsch: Zone [tso:n ə]

Englisch: zone [zo ʊ n] oder [z ə ʊ n]

Rumänisch: zona [z ɔ n a]

Französisch: zone [zo: n]

Niederländisch: zone [zo:n ə]

Dänisch: zone [zo: ne]

Italienisch: zona [dz ɔ:n a]

b Gibt es den Buchstaben <z> in deiner Muttersprache? Wie wird er ausgesprochen?

10 Wenn das <z> in der Mitte oder am Ende steht, wird es auch wie [ts] ausgesprochen. Höre zu und sprich jedes Wort nach. ◀ 👂 🔊 ▶ 2.42 💬

heizen	sozial	Französisch	Kanzlerin
Tanz	kurz	Salz	Notiz

11 **a** Man spricht auch [ts] bei anderen Buchstaben. Höre zu und wiederhole. ◀ 👂 🔊 ▶ 2.43 💬

zz	Skizze	Razzia	
tz	Satz	der Letzte	Metzgerei
ts	nichts	er hat's	bereits
tion	Nation	Variation	Aktion

b Findest du andere Wörter mit diesen Buchstaben? Nenne sie. ◀ 📖

zz: _____

tz: _____

ts: _____

tion: _____

12 Höre zu und sprich nach. ◀ 👂 🔊 ▶ 2.44 💬

Sportsfreund, Jugendzentrum, Jugendschutzgesetz
Bei Schmerzen gibt's eine Spritze vom Arzt.

13 **a** Höre den Zungenbrecher und sprich ihn nach. ◀ 👂 🔊 ▶ 2.45 💬

Zwei zappelige Zauberer mit Zahnweh
zeigen auf zehn zahme Zebras
zwischen Zedern im Zoo.

13 **b** Hört den Zungenbrecher mit mehreren Sprechernn. Sprecht selbst in Gruppen, ähnlich wie auf der Aufnahme. ◀ 👂 🔊 ▶ 2.46 💬

Stellungnahme und Diskussion: Mitbestimmung in der Gemeinde

  ▶ **1 Schau dir die Bilder an. Was siehst du?**

  ▶ **2 Lies den Zeitungsartikel. Welche Überschrift passt?**

- Stadt schließt Fußballplatz
- Stadt eröffnet Fußballplatz
- Stadt erweitert Freizeitangebot
- Stadt sperrt Freizeithalle

(Trier) Das Bauamt der Stadt Trier hat den Bolzplatz in Trier-Kürenz am Mittwoch, den 08.02.2017, geschlossen. Als Grund gibt die Behörde Lärmbelästigung an. Die Anwohner und Nutzer der Anlage sind geteilter Meinung.

Freizeitkicker und Familien haben Grund zur Sorge: Der Fußballplatz in Trier-Kürenz ist seit Mittwoch geschlossen.
Die Stadt Trier hat damit einer Bauaufsichtsbeschwerde aus der Nachbarschaft zugestimmt. Anwohner hatten sich im Vorfeld immer wieder über Lärm und Sachbeschädigungen beschwert.
„Ich wohne direkt neben dem Platz und die Kinder schreien und spielen den ganzen Tag. Ich verstehe, dass sie spielen müssen, aber für mich ist es unerträglich", so eine Anwohnerin aus dem Kobusweg. Familien und Jugendliche, die die Anlage häufig nutzen sind geschockt. „Wo sollen wir jetzt Fußball spielen? Natürlich muss man beim Sport manchmal auch laut sein, aber ich habe da noch nie etwas kaputt gemacht", berichtet Nils (12 Jahre) aus Kürenz. Ob Trier nun um eine Freizeitaktivität ärmer wird, kann noch nicht geklärt werden. Die Stadt denkt momentan über die Verlegung der Anlage nach.

   ▶ **3 Beantworte die „W-Fragen". Lies dazu den Zeitungsartikel noch einmal und markiere die Antworten zu den Fragen. Schreibe anschließend in dein Heft.**

- Wer? *das Bauamt der Stadt Trier, Anwohner, Nutzer (z. B. Nils)*
- Wo? ...
- Wann?
- Was?
- Warum?
- Welche Folgen?

Viele Menschen in Trier sind von der Schließung des Bolzplatzes betroffen und machen sich darüber Gedanken. Einige befürworten die Schließung. Andere möchten, dass der Platz wieder geöffnet wird und setzen sich dafür ein.

4 a Schau dir die Bilder und die Bildunterschriften an. ◀ 👁 💬
Wer sind die Personen?

Es war richtig, den Bolzplatz zu schließen. Es war viel zu laut und ich hatte nie meine Ruhe. Außerdem wurden meine Blumen im Vorgarten häufig zertrampelt.

Ich denke, dass es keine gute Idee war, den Bolzplatz zu schließen, denn die Bedürfnisse von Jugendlichen müssen ernst genommen werden. Sie müssen sich austoben und auch ohne Aufsicht durch Erwachsene spielen können. Eine Schließung ist deshalb inakzeptabel. Es muss eine andere Lösung geben.

Ich bin ganz klar gegen die Schließung des Bolzplatzes, weil wir jetzt nicht mehr wissen, wo wir Fußball spielen und uns mit unseren Freunden treffen sollen.

Mechthild Habscheid
Anwohnerin

Karl-Heinz Portz
Ortsvorsteher Kürenz

Raphael Birra
Sprecher des Bürger-
vereins

Andrej Pavlov
Kind aus Kürenz

Ich bin der Meinung, dass der Platz geschlossen werden musste. Folgende Gründe sprechen klar dafür: Zahlreiche Beschwerden wegen Lärmbelästigung, Sachbeschädigungen und Raufereien. Das ist gefährlich für Kinder und Anwohner.

Sina Mattes
Jugendliche aus Kürenz

Karim Grib
Mitarbeiter des Stadt-
jugendausschuss
(NCO-Club)

Ich kann verstehen, warum die Anlage geschlossen wurde. Wir haben oft dort abgehangen und Musik gehört. Das war natürlich sehr laut. Auch nachts sind wir über den Zaun geklettert und haben dort gefeiert.

Ich finde, dass es keine guten Gründe für die Schließung gibt, da Kinder und Jugendliche Orte brauchen, an denen sie ungestört Sport treiben können. Außerdem wurde ja extra ein Zaun gebaut, damit die Bälle nicht mehr in die Gärten der Anwohner fallen.

b Wer sind die Personen? Ordne die Definitionen den Personen aus Aufgabe 4 a zu.

- Diese Person wurde von den Bürgerinnen und Bürgern eines Ortes gewählt, um ihre Interessen zu vertreten. <u>Ortsvorsteher</u>
- Jemand, der direkt neben einem bestimmten Ort wohnt. _____
- Junger Mensch im Alter zwischen 14 und 18 Jahren. _____
- Diese Person spricht für einen Verein, in dem sich die Bürger einer Stadt organisieren. Alle Bürger können dort mitmachen. _____
- Junger Mensch im Alter unter 14 Jahren. _____
- Diese Person arbeitet für einen Verein, der sich für die Interessen von Kindern und Jugendlichen einsetzt. _____

  5 a Lies nun die Stellungnamen der einzelnen Personen. Wer ist für (+) die Schließung des Bolzplatzes und wer ist dagegen (-)?

 b Wie begründen die Personen ihre Meinung? Sammle die Argumente stichpunktartig. Trage deine Ergebnisse in eine Tabelle ein.

	dafür (+) oder dagegen? (-)	Argumente
Sina M.	+	· Lärm · Einbrüche in der Nacht
...		

  6 Was denkst du? Sollte der Bolzplatz geschlossen werden? Formuliere deine Meinung zum Thema. Gehe so vor:

- Notiere deine Meinung und die Gründe in Stichpunkten.
- Formuliere deine Stichpunkte aus. Nutze die Redemittel.
- Trage deine Stellungnahme in der Klasse vor.

Meinung ausdrücken	Begründung	weitere Begründungen
Meiner Ansicht/Meinung nach… Ich bin der Ansicht/Meinung, dass… Es war richtig/falsch… Ich bin (ganz klar) für/gegen… Ich denke, dass…	…, weil… …, da… …, denn… Folgende Gründe sprechen dafür/dagegen: Aus diesen Gründen…	Außerdem… Zudem… Dafür/Dagegen spricht auch… Hinzu kommt, dass… Wichtig ist auch, dass…

7 a Der Sprecher des Bürgervereins, Raphael Birra, schreibt zu der Schließung der Freizeithalle. Schau dir den Text an. Wo findet man solche Texte?

Leserkommentar:

Der Bolzplatz in Kürenz darf nicht geschlossen werden!

Grundsätzlich bin ich gegen die Schließung, weil die Kinder und Jugendlichen einen Ort brauchen, an dem sie Fußball spielen oder herumtoben können. Eine Schließung bedeutet, dass das Freizeitangebot in Kürenz sinkt.

<u>Natürlich kann ich verstehen, dass</u> es die Anwohner stört, wenn die Kinder spielen, jubeln oder Musik hören. Dagegen möchte ich aber einwenden, dass zusammen mit den Jugendlichen neue Öffnungszeiten vereinbart wurden. Zwischen 13 und 14 Uhr darf die Anlage nicht betreten werden. Abends ist sie nur bis 19.00 Uhr geöffnet.

<u>Viele Leute meinen zwar, dass</u> es viele Sachbeschädigungen durch Fußbälle gibt. <u>Aber aus meiner Sicht</u> haben wir dieses Problem auch gelöst, weil wir einen höheren Zaun um die Anlage gebaut haben.

Als Vorsitzender des Bürgervereins Kürenz möchte ich <u>einerseits</u>, dass die Jugendlichen den Bolzplatz nutzen können. <u>Andererseits</u> möchte ich aber auch, dass alle Bürgerinnen und Bürger zufrieden sind.

b Richtig oder falsch? Lies die Aussagen und entscheide.

	richtig	falsch
1. Durch die Schließung des Bolzplatzes gibt es weniger Orte, an denen Jugendliche ihre Freizeit verbringen können.		
2. Die Anwohner haben neue Öffnungszeiten vorgeschlagen.		
3. Der Zaun um den Bolzplatz wurde erhöht, damit kein Fußball darüber fliegt.		
4. Antonio Birra möchte, dass die Jugendlichen zufrieden sind.		

c Einige Textteile im Text von Raphael Birra sind unterstrichen. Was bewirken diese Textteile? Sprecht in der Klasse darüber.

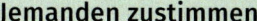
Jemanden zustimmen
Das finde/glaube/sehe ich auch.
Es stimmt, dass…
…

jemandem widersprechen
Das finde/glaube/sehe ich nicht!
Es stimmt nicht, dass…

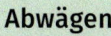
Abwägen
Natürlich kann ich es verstehen, dass… Dagegen möchte ich aber einwenden, dass…
Viele meinen zwar, dass… Aber das ist aus meiner Sicht…., weil…
Einerseits…. Andererseits…

▶ **8 a Schau dir den ersten Teil eines Briefs an und beantworte die Fragen.**

- Wer ist der Absender?
- An wen wird der Brief geschickt?
- Wann wurde der Brief geschrieben?
- Wozu wird eingeladen?
- Wohin wird eingeladen?

Stadt Trier   Ortsbeirat Trier-Kürenz
Ortsvorsteher Kürenz   Bonifatiusstraße
                                                          54296 Trier

An die Damen und Herren
der Diskussionsrunde „Bolzplatz Kürenz"

                                                          Trier, 16.02.2017

E I N L A D U N G
zur offenen Diskussionsrunde in den Räumen des Bürgervereins Kürenz
„Schließung des Bolzplatzes in Trier Kürenz!?"

   ▶ **b Lies den zweiten Teil des Briefes. Was sind *Tagesordnungspunkte*? Sprich mit deiner Partnerin / deinem Partner darüber.**

Tipp:
Nach der Anrede wird ein Komma gesetzt. In der nächsten Zeile schreibt man dann klein weiter.

Sehr geehrte Damen und Herren,

hiermit lade ich Sie zu oben genannter Diskussionsrunde am **Mittwoch, 22.02.2017 um 19 Uhr im Haus des Bürgervereins Kürenz** ein. Folgende Tagesordnungspunkte wurden vorgeschlagen.

1. Begrüßung durch den Ortsvorsteher Karl-Heinz Portz
2. Stellungsnahmen der Befürworter der Schließung (Mechthild Habscheid, Karl-Heinz Portz, Sina Mattes)
3. Stellungnahmen der Gegner der Schließung (Raphael Birra, Karim Grib, Andrej Pavlov)
4. Offene Diskussionsrunde (Moderator: Raphael Birra)

Teilen Sie uns bitte bis zum 20.02.2017 per E-Mail (buergermeister@trier.tr) mit, ob Sie an der Runde teilnehmen können.

Mit freundlichen Grüßen

Ortsvorsteher Kürenz
Karl-Heinz Portz

---

9 Methode: Rollenspiel

Versetzt euch in die Situation der Menschen, die für oder gegen die Schließung des Bolzplatzes sind. Stellt die Diskussionsrunde als Rollenspiel in der Klasse nach. Geht so vor:

a Vorbereitung

- Bildet in der Klasse sechs Teams. Jedes Team steht für eine Person (siehe S. 173). Sammelt alle Informationen über diese Person und versetzt euch in ihre Situation.
- Gestaltet in jedem Team Rollenkarten. Schreibt dazu auf Karteikarten die Meinung sowie die Begründungen der Person. Nutzt die Redemittel „Meinung und Begründungen ausdrücken" (S. 174).
- Verteilt die verschiedenen Gründe in eurem Team, sodass jeder etwas sagen kann.
- Schaut euch den Ablaufplan im Brief auf Seite 176 an. Klärt in eurem Team, wann ihr sprechen dürft.

b Durchführung

- Betrachtet die Skizze. Bestimmt einen Rednerplatz (Podium) im Raum und setzt euch in euren Teams davor.
- Ein Mitglied des Ortsvorsteher-Teams eröffnet die Runde. Nutzt dazu die Redemittel „Eröffnung und Beendigung der Diskussion".
- Jedes Team hat nun Zeit, seine Meinung und seine Begründungen vorzustellen.

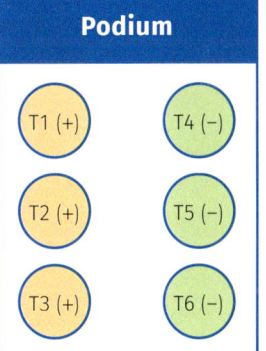

c Eine Lösung oder einen Kompromiss finden

- Das Ziel der Diskussionsrunde ist eine Lösung oder einen Kompromiss zu finden, mit dem alle einverstanden sind.
- Ein Mitglied des Raphael-Birra-Teams moderiert die Diskussion. Es nimmt Personen dran und bestimmt, wer wann sprechen darf.
- Jedes Team ist an der Diskussion beteiligt. Nutzt die Redemittel „Zustimmen, Widersprechen und Abwägen".

Eröffnung einer Diskussionsrunde:
In unserer Diskussion geht es um die Frage...
Jeder weiß, dass...
Deshalb stellten wir uns die Frage:...

Redemittel: Eine Lösung finden
Möglicherweise...
Man könnte vielleicht...
Es wäre zu überlegen, ob...

Beendigung einer Diskussionsrunde
Es ging um die Frage: ....
Wir konnten folgende Lösung finden: ...
Zu klären ist noch, ob/wie/warum...

Schau dir die Bilder M1 und M3 an. Was meinst du: Dürfen die Jugendlichen das Smartphone und das Computerspiel kaufen?

M1 Finn und sein neues Smartphone

Rechtsgeschäfte mit Jugendlichen – gültig oder nicht gültig?

„Es ist doch mein Geld"

Finn ist 15 Jahre alt. Sein sehnlichster Wunsch: ein neues Smartphone. Dafür hat er schon lange gespart. Im Internet entdeckt er die Anzeige eines großen Elektrofachmarktes in seiner Nähe für ein unschlagbares Kombi-Angebot: das neueste Smartphone auf dem Markt. Und das für nur 399 Euro.

Schnell macht Finn einen Kassensturz: sein vom Taschengeld Erspartes, die Geldgeschenke zur Konfirmation am letzten Sonntag und das „Weihnachtsgeld" von Oma und Opa, das für eine Sprachreise nach England in den Sommerferien gedacht war. Das Geld reicht. Finn ist glücklich.

Direkt am nächsten Tag macht Finn sich nach der Schule auf den Weg zum Elektrofachmarkt und kauft das Smartphone zum Angebotspreis.

Als seine Eltern am Abend den Kauf entdecken, gibt es ein Donnerwetter. Sie sind nicht einverstanden und fordern Finn auf, das Gerät zurückzubringen. Finns einziger Kommentar: „Es ist doch mein Geld."

Verträge – nicht alles Jacke wie Hose!

Viele wissen nicht: Wer etwas kauft, geht einen Vertrag ein – einen Kaufvertrag, der mündlich geschlossen wird. Nach § 433 BGB tritt ein Kaufvertrag dann in Kraft, wenn die Ware dem Kunden übergeben wird und dieser den genannten Preis zahlt: Ware gegen Geld.

Wer einen Vertrag schließt, ist auch an ihn gebunden. Stellt Finn zu Hause fest, dass z. B. das Smartphone doch nicht das hält, was er sich versprochen hat, kann er es nicht einfach wieder zurückbringen und das Geld zurückverlangen. Das geht nur, wenn das Smartphone einen Fehler hat, z. B. Schlieren auf dem Display. In diesem Fall verstößt der Verkäufer gegen seine Pflicht, „die Sache frei von Sach- und Rechtsmängeln zu verschaffen", und muss das Geld zurückzahlen (Auflösung des Kaufvertrages) oder „Abhilfe" schaffen, indem er das Smartphone reparieren lässt oder es gegen ein einwandfreies austauscht.

M2

Lies den Text und beantworte die W-Fragen:
Wer? Wo? Wann? Was? Warum? Mit welchen Folgen?
Schreibe die Geschichte zu Ende. Berücksichtige dabei deine Ergebnisse zum Text auf Seite 179.

AUFGABEN

1 *Beschreibe das Rechtsgeschäft, das Finn eingegangen ist.*
2 * *Erkläre die Rechte und Pflichten eines Käufers aus einem Kaufvertrag (M4).*
3 *Überprüfe Finns Kauf:*
   - Ist der Kauf rechtswirksam? Erkläre.
   - Welche Möglichkeiten haben die Eltern?
4 *Nenne Beispiele aus deinem Alltag, in denen du Kaufverträge eingegangen bist.*

Lies den Text. In welchem Alter darf man was kaufen?
Welche Besonderheiten gibt es? Erstelle eine Übersicht. Schreibe in dein Heft.

Kinder unter 8 Jahren: Kleine Einkäufe im Auftrag der Eltern

...

...flichten Jugendlicher

Was darf ich kaufen?

Jugendliche stehen unter besonderem Schutz. Es gibt gesetzliche Bestimmungen, die sie vor übereilten Vertragsabschlüssen schützen sollen.

Kinder unter 8 Jahren sind nicht geschäftsfähig. Sie können keine wirksamen Verträge schließen. Das regelt das Bürgerliche Gesetzbuch (BGB) im § 104.

Das bedeutet aber nicht, dass ein 6-Jähriger keine kleineren Alltagseinkäufe – z. B. beim Bäcker um die Ecke – machen darf. Er handelt dann im Auftrag der Mutter.

Jugendliche sind beschränkt geschäftsfähig (§ 106 kurz BGB). „Beschränkt" meint hier, dass Jugendliche nur in gewissem Umfang Geschäfte tätigen dürfen. Die Verträge sind jedoch so lange „schwebend unwirksam" (§ 108 BGB), das heißt, in der Schwebe, bis die Eltern dem Kauf zugestimmt haben. Das Okay der Eltern ist also immer erforderlich.

Jugendliche sollen mit dieser Regelung davor geschützt werden, dass Erwachsene sie übers Ohr hauen, dass sie zu teure Dinge einkaufen oder etwas, was die Eltern überhaupt nicht gestatten.

Eine Ausnahme bilden Verträge, die die Jugendlichen mit ihrem eigenen Geld tätigen können (§ 110 BGB). Dabei wird die durchschnittliche Höhe des Taschengeldes zugrunde gelegt. Daher wird dieser Paragraf auch von vielen als „Taschengeldparagraf" bezeichnet.

Erst mit dem 18. Lebensjahr und damit mit dem Erreichen der Volljährigkeit, wird man voll geschäftsfähig und kann nach Lust und Laune kaufen – ohne Zustimmung der Eltern. Man trägt dann auch selbst das Risiko.

M 3 Darf Julian das Computerspiel kaufen?

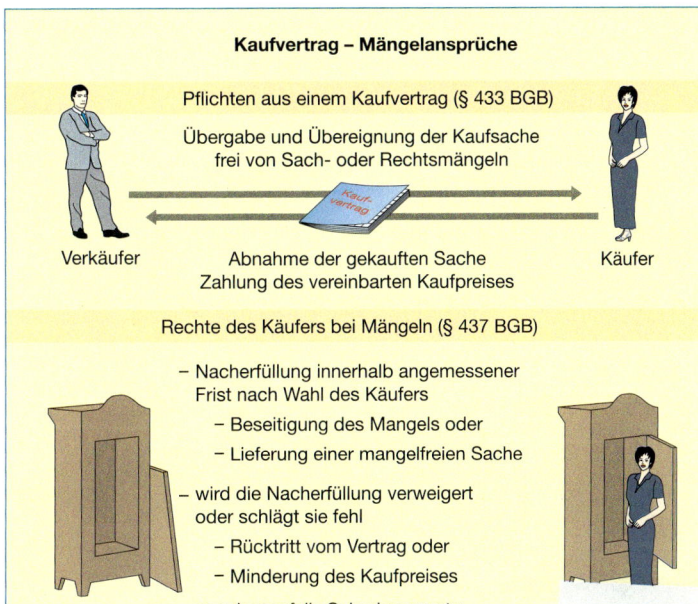

M 4 Der Kaufvertrag

Alter	Taschengeld
unter 6 Jahren	0,50 Euro pro Woche
6 – 7 Jahre	1,50 bis 2 Euro pro Woche
8 – 9 Jahre	2 bis 3 Euro pro Woche
10 – 11 Jahre	13 bis 16 Euro pro Monat
12 – 13 Jahre	20 bis 22 Euro pro Monat
14 – 15 Jahre	25 bis 30 Euro pro Monat
16 – 17 Jahre	35 bis 45 Euro pro Monat
18 Jahre	70 Euro pro Monat

Schau dir die Tabelle (M5) an. Wie findest zu die Empfehlung zur Taschengeldhöhe? Bekommst du auch Taschengeld? Was kaufst du dir davon?

M 5 Empfehlung zur Taschengeldhöhe für Kinder und Jugendliche

A ▸ Ein Klassenfest planen

In diesem Kapitel habt ihr gelernt, wie man Verantwortung zu Hause und in der Gesellschaft übernehmen kann. Plant ein Fest in eurer Schule und übernehmt die Verantwortung für dieses Fest. Das stärkt außerdem auch das Zusammengehörigkeitsgefühl.

1 Schaut euch die Bilder an. Was braucht man für ein gelungenes Fest? Tauscht euch aus.

2 Plant ein Klassenfest. So könnt ihr vorgehen.

1. Vorbereitung
   Überlegt euch, was für ein Fest ihr planen möchtet. Sprecht dar-
   über mit eurer Lehrerin / eurem Lehrer.
   Beachtet dabei die folgenden Fragen.

   - Für wen ist das Fest?
   - Wann ist das Fest?
   - Wo ist das Fest?
   - Soll es ein bestimmtes Motto geben?
   - Soll ein Veranstaltungsprogramm vorbereitet werden?
   - Welche Aufgaben sind wichtig?

2. Organisation und Durchführung
   Teilt euch in Gruppen auf. Überlegt, wer welche Aufgaben über-
   nimmt. Ihr könnt dazu die Tabelle in eure Hefte übertragen und
   vervollständigen.

Projekt-Manager	Namen	Aufgaben
Zeit-Manager		Koordinieren das Fest und die Vorbereitung.
Kommunikations-Manager		Sprechen mit den Projektpartnern, wie z.B. Hausmeister, Sekretariat, Klassensprecher, Klassenlehrer, Schulleitung.
Material-Manager		Kümmern sich um die benötigten Materialien.
Foto-Manager		Machen Fotos vom Fest.
Einkaufs-Manager		Kaufen alle Sachen ein, die für das Fest gebraucht werden.
Dekorations-Manager		Dekorieren den Raum.
Raum-Manager		Sorgen dafür, dass ausreichend Stühle und Tische vorhanden sind.
…	…	…

3. Dokumentation
   Dokumentiert euer Projekt auf Plakaten und hängt sie in eurer
   Klasse auf. Benutzt dafür euer Material (Fotos, Kassenbons, Auf-
   gabenplan etc.).

GR ▶ S. 188
S. 203

Trennbare Verben

		Position 2		Satzende
vorbereiten:	Wir	bereiten	das Frühstück	vor.
einkaufen:	Ich	kaufe	das Essen	ein.
aufräumen::	Der Junge	räumt	sein Zimmer	auf..

GR ▶ S. 195

Verben mit Dativ

Mit dem Dativ stehen zum Beispiel *helfen, antworten, danken, gefallen, …*

Singular	Der Patient dankt **dem Arzt (m)**.
	Das Kind antwortet **der Mutter** (f).
	Die Lehrerin hilft **dem Kind** (n).
Plural	Das Auto gefällt **den Eltern**.

GR ▶ S. 188
S. 203

Modalverben

		Position 2		Satzende
Wunsch:	Anna-Lena	möchte	in die Disko	gehen.
Erlaubnis:	Ab 16	darf	man Bier	trinken.
Verbot:	Unter 18 Jahren	darf	man nicht	rauchen.
	Unter 18 Jahren	darf	man keine Zigaretten	kaufen.
Pflicht:	Jugendliche bis18 Jahren	müssen	die Schule	besuchen.

GR ▶ S. 200
S. 201

Sätze verbinden
Hauptsatz + Hauptsatz

		Position 0	Position 1	Position 2	
Konjunktionen	Sie kocht das Essen	**und**	er	putzt	die Wohnung.
	Ich räume auf	**oder**	wir	gehen	ins Kino.
	Er spült das Geschirr,	**denn**	es	ist	dreckig.
Adverbien	Es ist sehr laut,		**deshalb**	schließt	der Platz.
	Der Platz ist gesperrt,		**trotzdem**	kommen	die Kinder.
	Einerseits ist es gut,		**andererseits**	spricht	vieles dagegen.

GR ▶ S. 201
S. 203

Hauptsatz + Nebensatz

			Satzende
Wir kaufen ein,	**weil**	wir Hunger	haben.
Er engagiert sich,	**da**	es ihm Spaß	macht.
Ich finde es schlecht,	**dass**	der Bolzplatz	schließt.

Wichtige Wörter und Wendungen

Das kann ich:
Sagen, wie ich lebe
Ich lebe mit meinen Eltern / meinen Geschwistern / anderen Jugendlichen / ...
zusammen.

Mich über Aufgaben im Haushalt austauschen
den Müll runterbringen, das Zimmer aufräumen, die Wäsche waschen, ...

Über ehrenamtliche Tätigkeiten sprechen
Ich engagiere mich... / Viele Jugendliche engagieren sich ehrenamtlich bei der
freiwilligen Feuerwehr / im Altersheim / ...

Über das Jugendschutzgesetz sprechen
Das Gesetz schützt Jugendliche / schränkt Jugendliche ein.
Jugendliche dürfen nicht selber entscheiden.

Eine Diskussion führen
Eine Diskussionsrunde eröffnen
In unserer Diskussion geht es um die Frage ... / Wir stellen uns die Frage: ...

Meine Meinung ausdrücken
Ich bin der Ansicht / Meinung, dass ...

Etwas begründen
Folgende Gründe sprechen dafür / dagegen: ... / Aus diesen Gründen ...

Etwas hinzufügen
Außerdem / Zudem ... / Hinzu kommt, dass ...

Jemandem zustimmen / widersprechen
Das finde / glaube ich auch...
Es stimmt (nicht), dass ...

Etwas abwägen
Natürlich kann ich verstehen, dass ... Einerseits..., andererseits... .

Eine Lösung vorschlagen
Möglicherweise ... / Man könnte vielleicht ...

Eine Diskussionsrunde beenden
Es ging um die Frage: ...
Wir konnten folgende Lösung finden: ...

Zahlen von 1 – 100

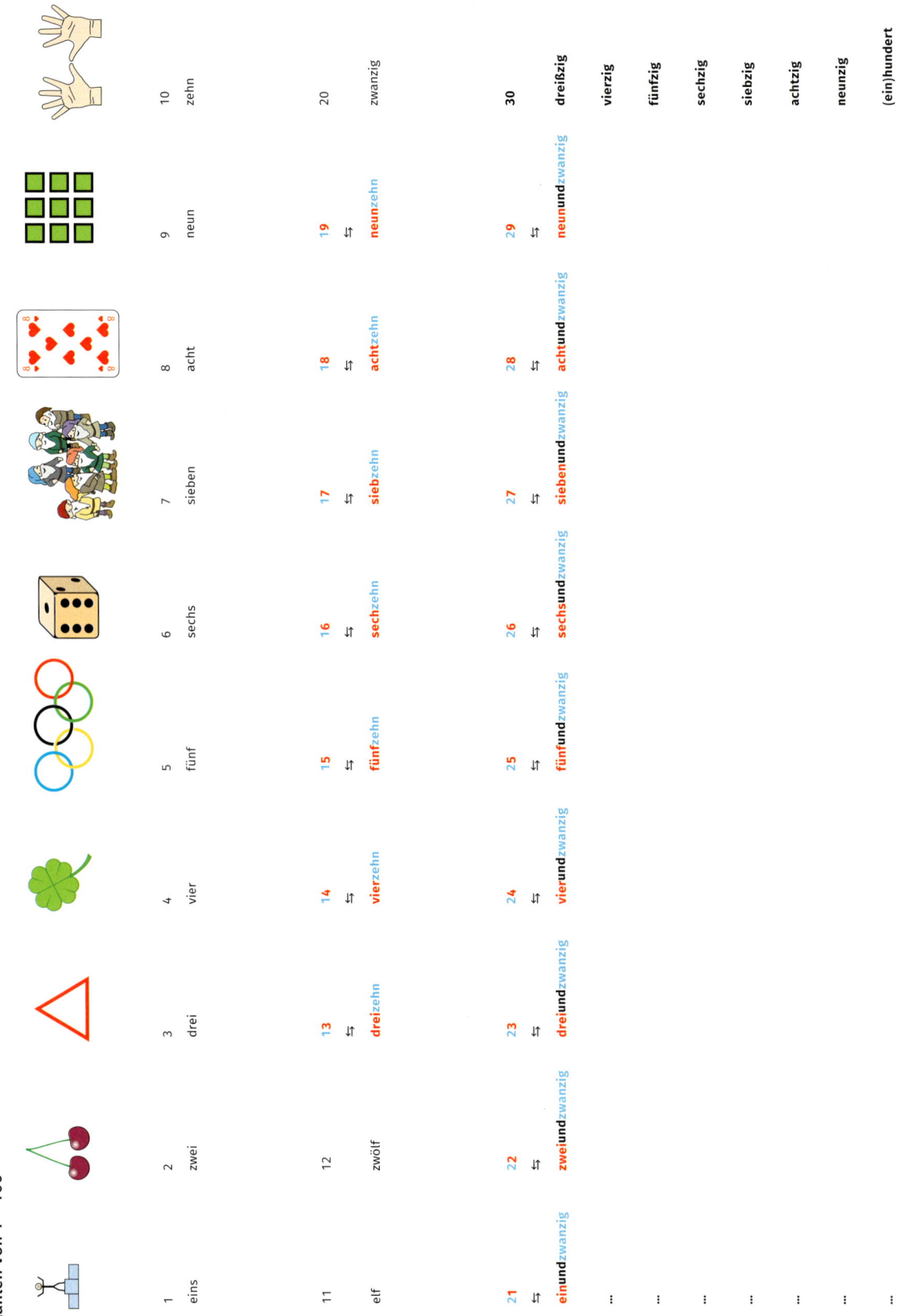

1 eins	2 zwei	3 drei	4 vier	5 fünf	6 sechs	7 sieben	8 acht	9 neun	10 zehn
11 elf	12 zwölf	13 dreizehn	14 vierzehn	15 fünfzehn	16 sechzehn	17 siebzehn	18 achtzehn	19 neunzehn	20 zwanzig
21 einundzwanzig	22 zweiundzwanzig	23 dreiundzwanzig	24 vierundzwanzig	25 fünfundzwanzig	26 sechsundzwanzig	27 siebenundzwanzig	28 achtundzwanzig	29 neunundzwanzig	30 dreißig
⋮	⋮	⋮	⋮	⋮	⋮	⋮	⋮	⋮	vierzig
									fünfzig
									sechzig
									siebzig
									achtzig
									neunzig
									(ein)hundert

Ordinalzahlen

→ ordnen Personen, Gegenstände oder Ereignisse
→ geben eine Reihenfolge an

der / die / das …

1.	**erste**
2.	zweite
3.	**dritte**
4.	vierte
5.	fünfte
6.	sechste
7.	**siebte**
8.	**achte**
9.	neunte
10.	zehnte
11.	elfte
12.	zwölfte
13.	dreizehnte
14.	vierzehnte
15.	fünfzehnte
16.	sechzehnte
17.	siebzehnte
18.	achtzehnte
19.	neunzehnte
20.	zwanzigste
21.	einundzwanzigste
22.	zweiundzwanzigste
30.	dreißigste
40.	vierzigste
50.	fünfzigste
60.	sechzigste
100.	(ein)hundertste …

der **erste** Platz

der **zweite** Platz

der **dritte** Platz

Auf den folgenden Seiten findest du wichtige Informationen zur deutschen Grammatik. Die Grammatikthemen aus INTRO Deutsch als Zweitsprache sind hier noch einmal etwas ausführlicher erklärt. Wenn du etwas noch nicht ganz verstanden hast, kannst du hier also nachlesen. Außerdem lernst du wichtige Begriffe zur Grammatik und ihre Bedeutung kennen, zum Beispiel „konjugieren", „Adverb" oder „Kasus".

Auf der Doppelseite „Grammatik und Wortschatz" am Ende jedes Kapitels im Kursbuch gibt es Verweise zu dieser Grammatikübersicht. So erkennst du, wo du weitere Informationen zu einem bestimmten Thema findest, z.B.:

GR ▶ S. 123   **Die regelmäßige Konjugation im Präsens**

In dieser Übersicht werden zuerst die Wortklassen und ihre Merkmale erklärt. Anschließend geht es um den Satz. Die Beispiele und die grafischen Darstellungen sollen dir helfen, die Grammatik besser zu verstehen.

Wortklassen

1 Das Verb

Verben sind Wörter, die uns sagen, was passiert oder was ist. Sie beschreiben ein Geschehen, einen Vorgang oder einen Zustand. Zudem hängt es vom Verb ab, wie viele Satzteile gebraucht werden. Manche Verben brauchen nur ein Subjekt (z. B.: Der Junge *schläft*.), andere Verben brauchen ein Subjekt und mindestens ein Objekt (z. B. Der Junge *hört* Musik). Alle Verben haben einen Stamm, der die Bedeutung trägt, z. B. *hör* beim Verb *hören*.

1.1 Die Konjugation im Präsens

Im Infinitiv haben alle Verben die Endung -*en*, die an den Verbstamm angehängt wird. Das ist die Form, in der das Verb im Wörterbuch steht: *laufen, fragen, essen, lesen*. Damit man erkennen kann, WER etwas tut, wird das Verb konjugiert. Dazu wird an den Stamm eine Personalendung angefügt. Die konjugierte Form des Verbs heißt finites Verb. Es gibt regelmäßige und unregelmäßige Verben. Diese beiden Typen von Verben werden unterschiedlich konjugiert.

1.1.1 Die regelmäßige Konjugation im Präsens

Bei regelmäßigen Verben bleibt der Stamm immer gleich. Die Personalendung wird an den Stamm angehängt. Diese Endungen markieren gleichzeitig die Zeitform Präsens. Die Konjugation im Präsens drückt normalerweise aus, dass ein Ereignis in der Gegenwart stattfindet.

		Person	Verbstamm	Endung
Singular	1.	ich	hör	**-e**
	2.	du	hör	**-st**
	3.	er / sie / es	hör	**-t**
Plural	1.	wir	hör	**-en**
	2.	ihr	hör	**-t**
	3.	sie	hör	**-en**
Höflichkeitsform		Sie	hör	**-en**

Achtung: Bei Verben, die im Stamm auf einen s-Laut enden, z.B. *reisen* oder *heißen*, fällt in der 2. Person Singular das „s" der Personalendung weg.

		Person	Verbstamm	Endung	
Singular	1.	ich	heiß	**-e**	
	2.	du	heiß	**-t**	**Achtung!**
	3.	er / sie / es	heiß	**-t**	
Plural	1.	wir	heiß	**-en**	
	2.	ihr	heiß	**-t**	
	3.	sie	heiß	**-en**	
Höflichkeitsform		Sie	heiß	**-en**	

1.1.2 Die unregelmäßige Konjugation im Präsens

Die unregelmäßigen Verben verändern bei der Konjugation ihre Wortform oder ihren Stamm. Diese Formen musst du daher lernen. Hier siehst du zwei Beispiele:

Sein verändert seine Wortform:

		Person	Form von sein
Singular	1.	ich	**bin**
	2.	du	**bist**
	3.	er / sie / es	**ist**
Plural	1.	wir	**sind**
	2.	ihr	**seid**
	3.	sie	**sind**
Höflichkeitsform		Sie	**sind**

Sprechen verändert seinen Stamm in der 2. und 3. Person Singular:

	Person		Verbstamm	Endung
Singular	1.	ich	sprech	**-e**
	2.	du	sprich	**-st**
	3.	er / sie / es	sprich	**-t**
Plural	1.	wir	sprech	**-en**
	2.	ihr	sprech	**-t**
	3.	sie	sprech	**-en**
Höflichkeitsform		Sie	sprech	**-en**

1.2 Trennbare Verben

Es gibt Verben, die aus mehreren Teilen aufgebaut sind, z. B. *auf + nehmen*: *aufnehmen*. Diese Verben heißen trennbare Verben. Ob der erste Verbteil abgetrennt werden kann, erkennst du am Wortakzent: Trennbare Verben sind in der Regel auf der Vorsilbe betont: *ábwerfen, éinkaufen* …
Nicht trennbare Verben sind nicht auf der Vorsilbe betont: *beschréiben, umfáhren, verstéhen* … .
Wenn du mit einem trennbaren Verb einen Aussagesatz bildest, dann wird der erste Teil des Verbs abgetrennt und ans Ende verschoben:

		Position 2		Satzende
abholen:	Ein Kühllaster	holt	die Milch	ab.
einkaufen:	Wir	kaufen	Brot und Käse	ein.
anziehen:	Die Schülerin	zieht	eine Jacke	an.
aufessen:	Ich	esse	den Apfel	auf.

1.3 Modalverben

Die Verben *dürfen, können, müssen, sollen* und *wollen* sind Modalverben. Modalverben modifizieren die Bedeutung des Satzes. Mit ihnen drückt man zum Beispiel eine Möglichkeit, eine Fähigkeit oder eine Pflicht aus. In der Tabelle siehst du die Bedeutungen der Modalverben im Überblick:

Modalverb	**Bedeutung**	**Beispielsatz**
können	Fähigkeit, Möglichkeit	Ich **kann** Gitarre spielen.
wollen	Plan, Absicht, Wille, Wunsch	Ich **will** eine Jacke kaufen.

müssen	Notwendigkeit		Ich **muss** viel Wasser trinken.	
dürfen	Erlaubnis		Ich **darf** mich am Nachmittag verabreden.	
sollen	Aufforderung		Ich **soll** mein Zimmer aufräumen.	
mögen/ möchten	Wunsch		Ich **möchte** ins Kino gehen.	

In der Tabelle siehst du die Konjugation der Modalverben im Präsens:

	sollen	müssen	dürfen	können	wollen
ich	soll	muss	darf	kann	will
du	soll**st**	mus**st**	darf**st**	kann**st**	will**st**
er / sie / es	soll	muss	darf	kann	will
wir	soll**en**	müss**en**	dürf**en**	könn**en**	woll**en**
ihr	soll**t**	müss**t**	dürf**t**	könn**t**	woll**t**
sie	soll**en**	müss**en**	dürf**en**	könn**en**	woll**en**
Sie	soll**en**	müss**en**	dürf**en**	könn**en**	woll**en**

Modalverben werden in der Regel mit einem zweiten Verb kombiniert. Das Modalverb wird konjugiert, das andere Verb steht im Infinitiv.
Beispiel: *Du **darf-st** heute Nachmittag mit Anna Tennis **spielen**.*

1.4 Konjunktiv II

Den Konjunktiv II benutzt man, um Sachverhalte auszudrücken, die nicht real sind oder nicht existieren. Das können Wünsche, Vorschläge, Ratschläge, Empfehlungen, höfliche Bitten oder irreale Bedingungssätze sein.
In der Tabelle siehst du Beispiele für den Gebrauch des Konjunktivs II:

Wünsche	Ich **würde** gerne **schlafen**.
Vorschläge	Wir **könnten** am Freitag ins Kino **gehen**.
Ratschläge, Empfehlungen	Du **solltest** mehr Sport **machen**.
Höfliche Bitten	**Dürfte** ich Sie etwas **fragen**?
Irreale Bedingungssätze	Wenn ich in die Disko **dürfte**, **würde** ich die ganze Nacht **tanzen**.

Die meisten Verben bilden den Konjunktiv II mit *würd-* + Infinitiv.
Beispiel: *Ich **würde** im Sommer gerne **reisen**.*
         *Sie **würde** am liebsten Gitarre **spielen**.*

Der Konjunktiv II der Modalverben und von *haben* und *sein* wird aus der Stammform des Präteritums und den Personalendungen des Konjunktivs II gebildet. Die unregelmäßigen Verben haben im Konjunktiv II oft einen Umlaut.

Beispiel: Ich **wäre** gerne am Meer.
Du **solltest** weniger Schokolade **essen**.

1.5 Imperativ

Mit dem Imperativ kann man eine oder mehrere Personen bitten oder auffordern, etwas zu tun. Außerdem kann man damit Ratschläge erteilen. Der Imperativ steht in der ersten Position. Es gibt nur Imperativformen für die 2. Person Singular und Plural und für die Höflichkeitsform.

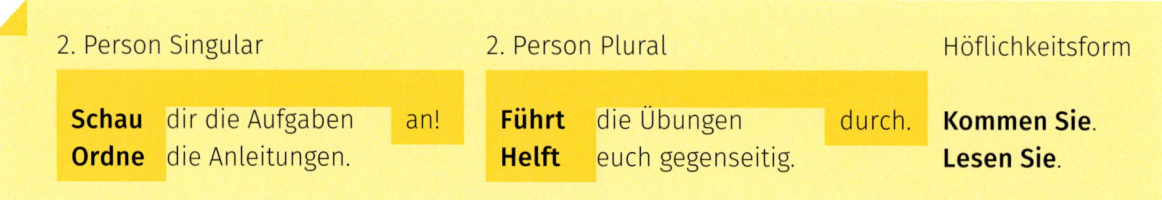

2. Person Singular		2. Person Plural		Höflichkeitsform
Schau	dir die Aufgaben an!	**Führt**	die Übungen durch.	**Kommen Sie.**
Ordne	die Anleitungen.	**Helft**	euch gegenseitig.	**Lesen Sie.**

Bei einigen Verben wird in der 2. Person Singular auch ein -e angehängt.

(z. B.: Wiederhol**e**! Heb**e**!)

Den Imperativ der 2. Person Singular bildet man aus der 2. Person Singular Präsens ohne -(s)t. Die Imperativform für die 2. Person Plural ist identisch mit der Präsensform für die 2. Person Plural. Die Höflichkeitsform ist identisch mit der 3. Person Plural. Bei der Höflichkeitsform fügt man „Sie" nach dem Verb hinzu.

Achtung: Der Imperativ von *sein* und *haben* ist unregelmäßig!

sein	**haben**
Sei leise.	Hab keine Angst.
Seid leise.	Habt keine Angst.
Seien Sie leise.	Haben Sie keine Angst.

	Indikativ Präsens	Imperativ
du	schaust	→ Schau~~st~~!
du	ordnest	→ Ordne~~st~~!
ihr	helft	→ Helft!
Sie	lesen	→ Lesen Sie!

1.6 Verben in der Vergangenheit

Das Verb sagt auch etwas darüber aus, WANN etwas geschieht oder geschehen ist. Es kann in verschiedenen Zeitfomen stehen. Das Präsens und das Präteritum sind einfache Zeitformen. Hier wird eine Personalendung an den Verbstamm angehängt. Das Perfekt gehört zu den zusammengesetzten Zeitformen, die mit einem Hilfsverb gebildet werden.

1.6.1 Perfekt

Das Perfekt drückt aus, dass ein Geschehen oder ein Ereignis vergangen ist. Man benutzt es häufig in der gesprochenen Sprache, z. B. in Dialogen. Das Perfekt bildet man aus einer Präsensform von *haben* oder *sein* und dem Partizip II eines Verbs.

Beispiel: Der Junge **hat** gestern Musik **gehört**.

Die meisten Verben bilden das Perfekt mit *haben*.

	Person		Hilfsverb *haben*		Partizip II
Singular	1.	ich	habe	Musik	gehört
	2.	du	hast	Musik	gehört
	3.	er / sie / es	hat	Musik	gehört
Plural	1.	wir	haben	Musik	gehört
	2.	ihr	habt	Musik	gehört
	3.	sie	haben	Musik	gehört
Höflichkeitsform		Sie	haben	Musik	gehört

Verben, die eine Bewegung von einem Ort zu einem anderen Ort oder eine Zustandsveränderung ausdrücken, bilden das Perfekt mit einer Präsensform von *sein* und dem Partizip II eines Verbs.

Beispiel: *Der Junge* **ist** *nach Paris* **gefahren**. A → B (Ortsveränderung)

Der Junge **ist aufgewacht**. (Zustandsveränderung)

	Person		Hilfsverb *sein*		Partizip II
Singular	1.	ich	bin	nach Paris	gefahren
	2.	du	bist	nach Paris	gefahren
	3.	er / sie / es	ist	nach Paris	gefahren
Plural	1.	wir	sind	nach Paris	gefahren
	2.	ihr	seid	nach Paris	gefahren
	3.	sie	sind	nach Paris	gefahren
Höflichkeitsform		Sie	sind	nach Paris	gefahren

Das Partizip II wird meistens so gebildet:

ge- + Verbstamm + -(e)t → **ge**hör**t** *(regelmäßige Verben)* oder

ge- + Verbstamm + -en → **ge**fahr**en** *(unregelmäßige Verben)*

Bei trennbaren Verben wird das Partizip II so gebildet:

-ge- zwischen trennbarem Verbteil und Verbstamm → ein**ge**kauft

1.6.2 Präteritum

Die Konjugation im Präteritum zeigt an, dass ein Ereignis in der Vergangenheit stattgefunden hat. Das Präteritum wird meist in der geschriebenen Sprache verwendet, z.B. in Erzählungen und in Berichten.

1.6.2.1 Die regelmäßige Konjugation im Präteritum

Bei regelmäßigen Verben erkennst du das Präteritum an einem eingeschobenen -t- oder -te- zwischen dem Verbstamm und der Personalendung.

	Person		Verbstamm		Endung
Singular	1.	ich	hör	**-t**	-e
	2.	du	hör	**-te**	-st
	3.	er / sie / es	hör	**-t**	-e
Plural	1.	wir	hör	**-t**	-en
	2.	ihr	hör	**-te**	-t
	3.	sie	hör	**-t**	-en
Höflichkeitsform	Sie		hör	**-t**	-en

1.6.2.2 Die unregelmäßige Konjugation im Präteritum

Viele unregelmäßige Verben verändern im Präteritum ihren Stammvokal, z.B. das Verb *sprechen*:

	Person		Verbstamm	Endung
Singular	1.	ich	spr**a**ch	
	2.	du	spr**a**ch	**-st**
	3.	er / sie / es	spr**a**ch	
Plural	1.	wir	spr**a**ch	**-en**
	2.	ihr	spr**a**ch	**-t**
	3.	sie	spr**a**ch	**-en**
Höflichkeitsform	Sie		spr**a**ch	**-en**

Das Verb *sein* hat auch im Präteritum ganz andere Wortformen. Diese musst du lernen.

	Person		Form von sein
Singular	1.	ich	**war**
	2.	du	**warst**
	3.	er / sie / es	**war**
Plural	1.	wir	**waren**
	2.	ihr	**wart**
	3.	sie	**waren**
Höflichkeitsform	Sie		**waren**

1.7 Das Passiv

Man kann Ereignisse / Geschehnisse aus unterschiedlichen Perspektiven betrachten. Entweder kann man die Person, die etwas tut, in den Mittelpunkt stellen oder das Ereignis. Beispiel: *Der Junge hört Musik.*
Der Fokus des Satzes liegt auf der Person, die etwas tut. Man sagt, das Verb *hören* wird im Aktiv verwendet.
Wenn das Ereignis oder die Sache im Mittelpunkt steht, dann verwenden wir das Verb im Passiv. Die handelnde Person ist dann nicht bekannt oder unwichtig und soll deshalb nicht genannt werden. Beispiel: *Musik wird gehört.*
Das Passiv bildet man aus der konjugierten Form von *werden* und dem Partizip II des Verbs. Das Partizip II hast du schon beim Perfekt kennengelernt (Abschnitt 1.6.1).

	Position 2		Partizip II
Der Baum	wird	im Frühjahr	gepflanzt.
Die Milch	wird		gekauft.
Die Kühe	werden	vom Bauern	gefüttert.
Aus Milch	wird	Sahne	gemacht.

2 Das Nomen

Nomen sind Wörter, die Gegenstände, Personen oder Vorstellungen und Ideen bezeichnen. Man kann Nomen in verschiedene Gruppen einteilen:
1. Eigennamen: *Ahmed, Sabine, Berlin, Himalaya …*
2. Gattungsnamen (Gegenstände, Dinge): *die Schule, der Tisch, der Stuhl, der Baum …*
3. Stoff-/Substanznamen: *die Milch, der Joghurt, das Wasser, das Plastik …*
4. Ideen / abstrakte Begriffe: *die Ausbildung, die Gesellschaft, die Verantwortung …*
Nomen haben grammatische Merkmale: das Genus (Maskulinum / Femininum / Neutrum), den Numerus (Singular / Plural) und den Kasus (Nominativ / Genitiv / Dativ / Akkusativ). Diese werden manchmal durch die Endung markiert. Nomen können also ihre Form verändern. Man sagt, Nomen werden dekliniert. Wenn du die Merkmale Numerus und Kasus nicht am Nomen erkennen kannst, dann werden sie oft durch den Artikel deutlich.

2.1 Genus

Im Deutschen hat jedes Nomen ein grammatisches Geschlecht (Genus). Es gibt drei Genera: Maskulinum, Femininum und Neutrum. Das Genus eines Nomens bleibt immer gleich. Man kann es meistens aber nicht am Nomen selbst ablesen. Du kannst das Genus eines Nomens aber am bestimmten Artikel im Nominativ Singular erkennen.

Maskulinum (m)	Femininum (f)	Neutrum (f)
der Apfel, **der** Tisch, **der** Stuhl, **der** Baum, **der** Joghurt, **der** Stift, **der** Lehrer, **der** Mond ...	**die** Kiwi, **die** Schule, **die** Lehrerin, **die** Klasse, **die** Sonne, **die** Milch, **die** Ausbildung, **die** Gesellschaft ...	**das** Brot, **das** Internet, **das** Handy, **das** Buch, **das** Kind, **das** Plastik ...

Tipp: Lerne neue Nomen immer mit ihrem Genus. Es ist wichtig, dass du das Genus von Nomen kennst, weil es auch für andere Grammatikthemen eine Rolle spielt, zum Beispiel bei den Personalpronomen (Abschnitt 3.2) oder beim Kasus (Abschnitt 2.3). Notiere dir die Wörter in deiner Vokabelliste immer mit dem passenden Artikel.
Beispiel: der Apfel – jabuka (kroatisch)

2.2 Numerus

Der Numerus gibt an, ob man über eine oder mehrere Dinge, Personen usw. spricht. Die meisten Nomen verändern im Plural ihre Form. Entweder haben sie eine Markierung am Wortende oder sie verändern den Vokal im Wortstamm. Bei manchen Nomen gibt es im Plural eine Endung und eine Veränderung des Stammvokals. Im Deutschen gibt es insgesamt fünf verschiedene Markierungen für den Plural.

Singular	Plural	Pluralendung
1 (ein) Stift	zwei Stifte	Endung -**e**
1 (ein) Hof	zwei Höfe	Änderung des Stammvokals und Endung -**e**
1 (eine) Schule	zwei Schulen	Endung -**n**
1 (ein) Zimmer	zwei Zimmer	- (keine Endung)
1 (eine) Mutter	zwei Mütter	Änderung des Stammvokals, keine Endung
1 (ein) Bild	zwei Bilder	Endung -**er**
1 (ein) Hotel	zwei Hotels	Endung -**s**

Tipp: Im Plural werden die drei Genera nicht zusätzlich markiert; der Artikel ist im Plural also für alle Nomen gleich: *die Stifte, die Höfe, die Schulen.*

2.3 Kasus

Nomen haben neben Genus und Numerus eine weitere grammatische Kategorie: Kasus. Im Deutschen gibt es folgende Kasus: Nominativ, Genitiv, Dativ und Akkusativ. Mit den Kasus werden bestimmte Funktionen der Nomen im Satz markiert (Subjekte stehen im Nominativ; Objekte im Genitiv, Dativ oder Akkusativ). Der Kasus der Nomen ist in der Regel abhängig von dem Verb, mit dem die Nomen zusammen vorkommen. Auch Präpositionen verlangen vom nachfolgenden Nomen einen bestimmten Kasus (z. B.: in + Akkusativ/Dativ; bei + Dativ etc.) (Abschnitt 6). Meist erkennen wir den Kasus eines Nomens am dazugehörenden Artikel. Nur in einigen Fällen ändert auch das Nomen seine Form. Die Tabelle zeigt die Übersicht über die Deklinationsformen in den verschiedenen Kasus. Bei manchen maskulinen oder neutralen Nomen wird im Genitiv noch ein -e- eingefügt, z. B. *das Buch – des Buches*.

	die meisten maskulinen Nomen	manche maskulinen Nomen (n-Deklination)	feminine Nomen	neutrale Nomen
Nominativ	der / ein Stuhl	der / ein Hase	die / eine Lehrerin	das / ein Auto
Akkusativ	den / ein**en** Stuhl	den / ein**en** Hasen	die / eine Lehrerin	das / ein Auto
Dativ	dem / ein**em** Stuhl	dem / ein**em** Has**en!**	der / ein**er** Lehrerin	dem / ein**em** Auto
Genitiv	des / ein**es** Stuhls	des / ein**es** Has**en**	der / ein**er** Lehrerin	des / ein**es** Autos

Verben, die nur ein Subjekt im Nominativ brauchen, sind z. B. *lachen* oder *schlafen*.
Beispiel: Die Lehrerin lacht.
              Der Hase schläft.

Verben, die ein Subjekt im Nominativ und ein Objekt im Akkusativ fordern, sind z. B. *haben, brauchen, produzieren, machen, sehen* ... .
Beispiel: Die Lehrerin hat einen Hasen.
              Die Lehrerin braucht einen Stuhl. –

Verben mit Subjekt im Nominativ und Objekt im Dativ sind z. B. *helfen* oder *gefallen*.
Beispiel: Die Lehrerin hilft dem Hasen.
              Das Auto gefällt der Lehrerin.

Der Genitiv wird meistens verwendet, um Nomen genauer zu beschreiben.
Beispiel: *der Stuhl der Lehrerin*
Der Lehrerin ist hier ein Genitivattribut, das den Stuhl genauer beschreibt.

2.4 Komposita

Im Deutschen kann man zwei oder mehr Wörter zu einem neuen Wort zusammenfügen. Dabei entsteht ein zusammengesetztes Wort (Kompositum). Dieses neue, spezifische Wort hat auch eine neue spezifischere Bedeutung, z. B. der Milchkarton = der Karton für Milch. Das Grundwort gibt dem zusammengesetzten Nomen das Genus und somit den Artikel. Bei manchen Komposita wird zwischen Bestimmungswort und Grundwort noch ein Buchstabe eingefügt (-n-, -s-, -e-), z. B. *das Zeitung**s**papier, der Schokolade**n**kuchen*.

Bestimmungs- + wort	Grundwort	→	Kompositum
die Milch +	der Karton	→	der Milchkarton
der Kaffee +	der Becher	→	der Kaffeebecher
die Zeitung +	das Papier	→	das Zeitungspapier
das Plastik +	die Verpackung	→	die Plastikverpackung
die Schokolade +	der Kuchen		der Schokoladenkuchen

3 Artikelwörter und Pronomen

3.1 Artikelwörter (bestimmter Artikel, unbestimmter Artikel und Negationsartikel)

Artikelwörter sind eine Gruppe von Wörtern, die vor einem Nomen stehen, z. B. *der / ein / kein Stuhl, die / eine / keine Karte, das / ein / kein Mäppchen*. Die Artikelwörter markieren das grammatische Geschlecht eines Nomens (Abschnitt 2.1). Im Satz verändern Artikel ihre Form, sie werden dekliniert. Sie tragen immer den Kasus und den Numerus des Nomens, zu dem sie gehören.
Bestimmter Artikel – Deklination:

	Singular maskulin	Singular feminin	Singular neutrum	Plural
Nominativ	der Stuhl	die Lehrerin	das Buch	die Stühle
Akkusativ	**den** Stuhl	die Lehrerin	das Buch	die Stühle
Dativ	**dem** Stuhl	**der** Lehrerin	**dem** Buch	**den** Stühle**n**
Genitiv	**des** Stuhl**s**	**der** Lehrerin	**des** Buch**s**	**der** Stühle

Unbestimmter Artikel – Deklination:

	Singular maskulin	Singular feminin	Singular neutrum	Plural (ohne Artikel)
Nominativ	ein Stuhl	eine Lehrerin	ein Auto	Stühle
Akkusativ	einen Stuhl	eine Lehrerin	ein Auto	Lehrerinnen
Dativ	einem Stuhl	einer Lehrerin	einem Auto	Autos
Genitiv	eines Stuhls	einer Lehrerin	eines Autos	

Das Deutsche kennt verschiedene Wörter für die Negation, also die Verneinung von Aussagen. Das Negationswort *kein / keine* verneint einen Nominalausdruck. *Kein* wird dekliniert wie *ein*. Auch Nomen, die normalerweise ohne Artikel stehen, werden mit *kein* negiert.

Ahmed braucht einen Füller. Neima braucht **k**einen Füller.
Ahmed braucht eine Mappe. Neima braucht **k**eine Mappe.
Ahmed braucht ein Heft. Neima braucht **k**ein Heft.
Ahmed isst Fleisch. Neima isst **kein** Fleisch.

3.2 Personalpronomen

Im Deutschen gibt es acht Personalpronomen und eine Höflichkeitsform.

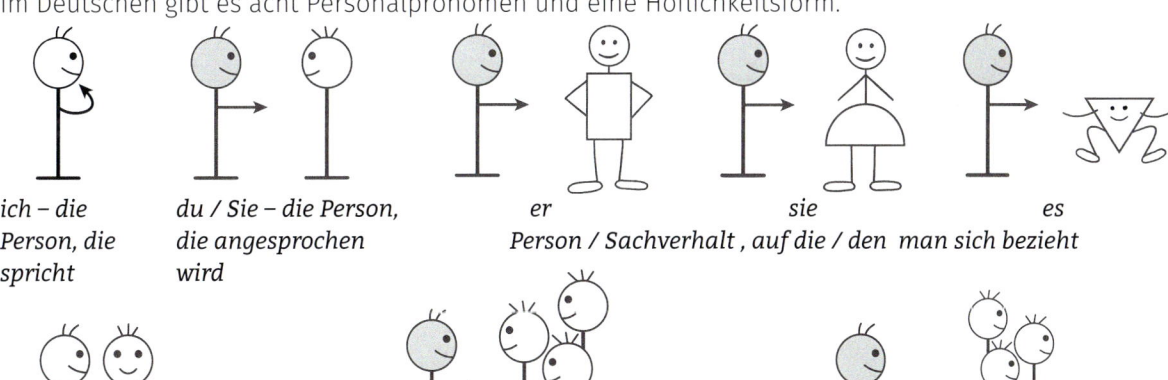

ich – die Person, die spricht   *du / Sie – die Person, die angesprochen wird*   *er*   *sie*   *es*
Person / Sachverhalt , auf die / den man sich bezieht

wir – die Personen, die sprechen   *ihr – die Personen, die angesprochen werden*   *sie – Personen oder Sachverhalte, auf die man sich bezieht*

Personalpronomen (3. Person Singular oder Plural) können im Textverlauf Nomen ersetzen. Sie dürfen im Deutschen nicht weggelassen werden. Meistens nennt man die Person oder Sache im ersten Satz und ersetzt sie im darauffolgenden Satz durch ein Personalpronomen. So kann man auch Wiederholungen vermeiden.

Maskulinum (m)	**Der Apfel** kommt aus Ungarn.	**Er** ist sehr gut.
Femininum (f)	**Die Kiwi** kommt aus Neuseeland.	**Sie** ist teuer.
Neutrum (n)	**Das Brot** kommt aus Polen.	**Es** ist lecker.

3.3 Indefinitpronomen

Das Pronomen „man" ist ein Indefinitpronomen. Wir verwenden es für Personen, die nicht genau bestimmt sind oder die nicht direkt benannt sind. „Man" steht mit dem Verb in der 3. Person Singular (*man kann, man macht*). Die Form „man" gibt es nur im Nominativ.

	Position 2		Infinitiv
Man	kann	mit der App Fotos	bearbeiten.
Man	erlebt	viel in seiner Freizeit.	

3.4 Possessivartikel

Possessivartikel zeigen Besitzverhältnisse und Zugehörigkeiten an. Die Endung des Possessivartikels hängt von dem Genus und Numerus des Nomens ab, vor dem es steht, z. B. *Das ist mein Bruder* (m Sg.). *Das ist mein**e** Schwester* (f Sg.). *Das sind mein**e** Eltern* (Pl.).
Hier siehst du die Possessivpronomen im Nominativ. Im Akkusativ und im Dativ werden sie wie der unbestimmte Artikel „ein" dekliniert.

	1. Ps. Sg.	2. Ps. Sg.	3. Ps. Sg.	3. Ps. Sg. / 3. Ps. Pl.	1. Ps. Pl.	2. Ps. Pl.	
Singular	mein	dein	sein	ihr	unser	euer	Bruder
	mein**e**	dein**e**	sein**e**	ihr**e**	unser**e**	eu**re**	Schere
	mein	dein	sein	ihr	unser	euer	Buch
Plural	mein**e**	dein**e**	sein**e**	ihr**e**	unser**e**	eu**re**	Bälle

4 Adjektive

Mit Adjektiven werden in der Regel Eigenschaften von Personen, Gegenständen, Sachverhalten usw. benannt: Ein Mensch ist *interessant*, eine Lehrerin ist *klug* oder ein Brot ist *lecker*. Adjektive behalten ihre Grundform, wenn sie gemeinsam mit dem Verb *sein* gebraucht werden (prädikativer Gebrauch). Die Grundform der Adjektive finden wir im Wörterbuch.
Adjektive können auch vor einem Nomen stehen (attributiver Gebrauch). Sie bilden dann zusammen mit dem Nomen eine grammatische Einheit. Dann verändern sie sich, sie werden dekliniert. In Genus, Numerus und Ka-

sus sind sie identisch mit dem Nomen, zu dem sie gehören. Die Adjektive stehen zwischen dem Artikel und dem Nomen.
Beispiel: *der interessante Mensch, die kluge Lehrerin, das leckere Brot.*
Adjektive haben, im Gegensatz zu anderen Wortarten, eine besondere Eigenschaft – die Steigerung oder Komparation. Es gibt drei verschiedene Steigerungsformen:

Die Komparation dient dazu, Dinge oder Personen miteinander zu vergleichen und Extrema herauszustellen. In der Tabelle siehst du Beispiele für die Komparation:

Positiv	Komparativ	Superlativ	
schnell	schnell**er**	**am** schnell**sten**	
groß	gr**ö**ßer	**am** gr**ö**ß**ten**	
teuer	teur**er**	**am** teuer**sten**	
klein	klein**er**	**am** klein**sten**	
wenig	wenig**er**	**am** wenig**sten**	
lang	l**ä**ng**er**	**am** l**ä**ng**sten**	
gern	**lieber**	**am liebsten**	
gut	**besser**	**am besten**	Achtung!
viel	**mehr**	**am meisten**	

Achtung: Die Vokale ‚o', ‚a' und ‚u' verändern sich bei der Komparation zu den Umlauten ‚ö', ‚ä' und ‚ü'. Manche Adjektive wie **gern**, **gut** oder **viel** haben eine unregelmäßige Steigerung.

5 Adverbien

Zu den Adverbien gehören solche Wörter, die die Umstände eines Geschehens im Satz deutlich machen. Wir unterscheiden lokale Adverbien (Ort), temporale Adverbien (Zeit), modale Adverbien (Art und Weise) und kausale Adverbien (Grund, Ursache). Adverbien werden nicht flektiert, d. h., sie ändern ihre Form nicht.

	Adverbien	Beispiele
lokale Adverbien (Ort)	hier, dort, da, rechts, links, oben, unten, überall, nirgends	das Fenster **dort** auf dieser Seite **links oben**
temporale Adverbien (Zeit)	jetzt, bald, dann, oft, immer	Ich gehe **jetzt**. Sie kommt **bald**.
modale Adverbien (Art und Weise)	gern, so, anders	Ich esse **gern** Eis.
kausale Adverbien (Grund, Ursache, Bedingung, Folge, Zweck)	deshalb, trotzdem	Ich bin erkältet. **Deshalb** trinke ich viel Tee.

6 Präpositionen

Eine weitere Wortart der deutschen Sprache sind die Präpositionen. Präpositionen verbinden sich mit Nomen oder Nominalgruppen zu Präpositionalphrasen. Präpositionen haben unterschiedliche Bedeutungen. Sie können z.B. ausdrücken, wo ein Gegenstand oder eine Person ist (lokale Präpositionen) oder wann etwas geschieht (temporale Präpositionen).

Beispiele für lokale Präpositionen:

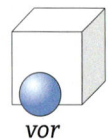 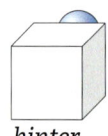 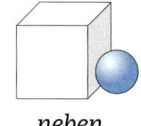 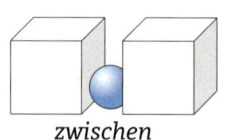

vor　　*hinter*　　*neben*　　*zwischen*

Alle Präpositionen erfordern vom Nomen, mit dem sie zusammenstehen, einen bestimmten Kasus (Abschnitt 2.3). Manche Präpositionen können mit verschiedenen Kasus stehen. Sie heißen Wechselpräpositionen. Der Dativ steht bei diesen Präpositionen bei Ortsangaben (wo?). Der Akkusativ steht bei Ortsveränderungen (wohin?).

Beispiel:　　• *Wo ist das Buch? Auf **dem** Tisch.* (Dativ)
　　　　　　→ *Wohin legt sie das Buch? Auf **den** Tisch.* (Akkusativ)

Die Tabelle zeigt Beispiele für Präpositionen mit ihrem zugehörigen Kasus.

für, um, durch, gegen, ohne	+ Akkusativ
aus, bei, mit, von, zu, seit, nach, gegenüber	+ Dativ
in, an, auf, vor, hinter, unter, über, neben, zwischen	+ Akkusativ oder Dativ

7 Konjunktionen

Wörter wie *und, oder, aber, denn, weil, da, dass, wenn (dann), damit, obwohl* verbinden Satzglieder oder Sätze. Sie heißen Konjunktionen und werden nicht flektiert. Die Konjunktionen *aber, oder, und, denn* verbinden Hauptsätze (d. h. Sätze, in denen das finite Verb an 2. Stelle steht).
Beispiel: *Julia kauft Milch und Henry kauft Obst.*
Andere Konjunktionen verbinden Haupt- und Nebensätze miteinander. Zu ihnen gehören: *dass, weil, wenn, damit, obwohl*. Wenn Nebensätze mit einer dieser Konjunktionen eingeleitet werden, steht das finite Verb am Ende (Abschnitt 8.6).
Beispiel: *Ich mag Instagram,* **weil** *ich gern Fotos mache.*

Der Satz

Mit mehreren Wörtern kannst du Sätze bilden. Das Wort am Satzanfang schreibst du immer mit einem Großbuchstaben. Jeder Satz endet mit einem Satzzeichen, zum Beispiel einem Punkt (.), Ausrufezeichen (!) oder Fragezeichen (?).

8 Satzstellung

8.1 Der Aussagesatz

Im Aussagesatz steht das finite Verb immer an zweiter Position im Satz.

	Position 2	
Ich	heiße	Juan.
Du	schreibst	ins Heft.
Sie	telefoniert	gerade.
Amal	kommt	aus Damaskus.
Das Internet	ist	langsam.
Heute	ist	schönes Wetter.
Wir	schreiben	einen Brief.
Ihr	kocht	Kaffee.
Die Bohnen	kommen	aus Kenia.

8.1.1 Die Inversion

Manchmal möchte man im Satz etwas hervorheben, z. B. WO oder WANN etwas geschieht. Dieses Element kann man im Deutschen an die erste Position im Satz stellen. Da das finite Verb im Aussagesatz an zweiter Stelle stehen muss, rückt das Subjekt in diesem Fall hinter das Verb. Diesen Vorgang nennt man Inversion.

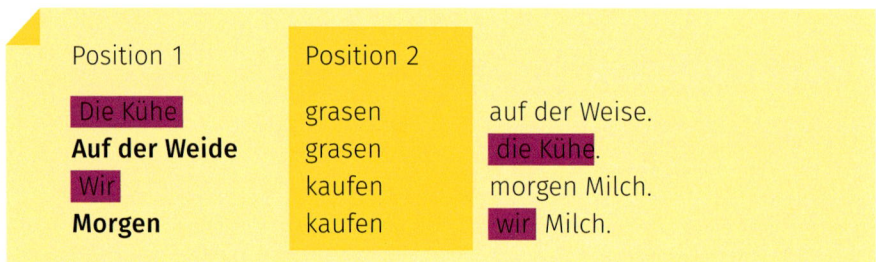

Position 1	Position 2	
Die Kühe	grasen	auf der Weise.
Auf der Weide	grasen	die Kühe.
Wir	kaufen	morgen Milch.
Morgen	kaufen	wir Milch.

8.2 Die Ergänzungsfrage

Auch in Ergänzungsfragesätzen, die mit einem Fragewort beginnen, steht das finite Verb an zweiter Position im Satz.

	Position 2	
Wie	geht	es dir?
Was	trinkt	ihr?
Wann	kommen	sie zurück?

W-Fragen:
Wer? **W**ie? **W**as?
Wo? **W**oher?
Wohin? **W**ann?

8.3 Die Entscheidungsfrage

Eine andere Art von Frage ist die Entscheidungsfrage, die nur mit „ja" oder „nein" beantwortet wird. Hier steht das finite Verb an erster Position im Satz.

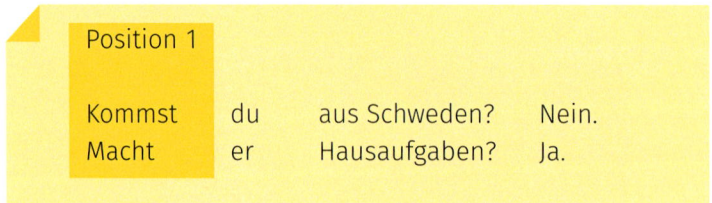

Position 1			
Kommst	du	aus Schweden?	Nein.
Macht	er	Hausaufgaben?	Ja.

8.4 Der Imperativsatz

Im Imperativsatz steht das finite Verb ebenfalls an erster Position im Satz.

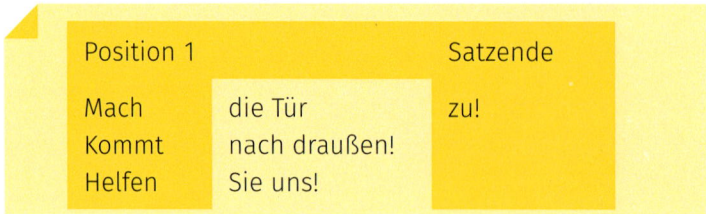

Position 1		Satzende
Mach	die Tür	zu!
Kommt	nach draußen!	
Helfen	Sie uns!	

8.5 Satzklammer

Das finite Verb kann drei Positionen im Satz einnehmen: Erststellung, Zweitstellung und Endstellung. Manche Sätze haben aber zwei Verben oder Verbteile, zum Beispiel ein Modalverb und ein Vollverb im Infinitiv. Das finite Verb steht dann in Erst- oder Zweitposition, der andere Teil steht am Ende. Dazwischen stehen viele Informationen. Man sagt auch, die verbalen Elemente bilden eine Satzklammer.

		Position 2		Satzende
Trennbare Verben:	Du	räumst	dein Zimmer	auf.
Modalverben:	Ich	kann	in die Schule	gehen.
Konjunktiv II:	Sie	würden	gerne Fußball	spielen.
Futur I:	Ich	werde	heute nicht in die Schule	gehen.
Perfekt:	Er	hat	Hausaufgaben	gemacht.
Perfekt:	Wir	sind	ans Meer	gefahren.
Passiv:	Das Obst	wird	im Herbst	geerntet.

8.6 Der Nebensatz

In Nebensätzen, die mit einer Konjunktion, z. B. *dass, weil, obwohl* … eingeleitet werden, steht das finite Verb am Ende des Satzes.

	Nebensatz		
Ich mag Instagram,	weil	ich gerne Fotos	mache.
Ich nutze Youtube,	da	die Videos cool	sind.
Im Text steht,	dass	viele Jugendliche ein Handy	haben.

9 Negation

Eine Handlung / Tätigkeit oder ein Ereignis kann stattfinden – oder nicht.
Das Verneinungswort „nicht" kann einen ganzen Satz verneinen.

Ich gehe ins Kino.	Die Handlung / Tätigkeit „ins Kino gehen" findet statt.
Ich gehe **nicht** ins Kino.	Die Handlung / Tätigkeit „ins Kino gehen" findet nicht statt.

Das Verneinungswort „nicht" kann sich aber auch nur auf ein Wort beziehen. Im nachfolgenden Beispiel bezieht sich „nicht" auf „gern".

Ich koche gern.	
Ich koche **nicht** gern.	Das Ereignis „kochen" findet statt, aber nicht gern.

Bildquellen:

Titel: Thinkstock, Sandyford/Dublin; 12 (Flagge Australien): iStockphoto.com, Calgary (visual7); 12 (Flagge Brasilien): iStockphoto.com, Calgary (visual7); 12 (Flagge Deutschland): fotolia.com, New York (daboost); 12 (Flagge Indien): iStockphoto.com, Calgary (visual7);

12 (Flagge Kolumbien): alamy images, Abingdon/Oxfordshire (JUPITERIMAGES/Polka Dot); 12 (Pass Italien): iStockphoto.com, Calgary; 12 (Pass Singapore): iStockphoto.com, Calgary; 12 (Pass Österreich): Kaps, Bernhard; 13 (Amira): iStockphoto.com, Calgary; 13 (Dimitrij): Shutterstock.com, New York; 13 (Esma): iStockphoto.com, Calgary; 13 (Fahim): Getty Images, München; 13 (Flagge Irland): iStockphoto.com, Calgary (visual7); 13 (Flagge Polen): European Community, Brüssel; 13 (Flagge Russland): iStockphoto.com, Calgary (Steve Corrigan); 13 (Flagge Südafrika): iStockphoto.com, Calgary (visual7); 13 (Mehret): Getty Images, München; 13 (Olufemi): iStockphoto.com, Calgary; 13 (Pass Chile): iStockphoto.com, Calgary;

13 (Pass Frankreich): fotolia.com, New York; 13 (Pass Japan): iStockphoto.com, Calgary;

13 (Pass Türkei): iStockphoto.com, Calgary; 13 (Roxana): Getty Images, München; 13 (Serdju): Shutterstock.com, New York; 14 (Adriano): fotolia.com, New York (alephcomo1); 14 (Ahmet): Panther Media GmbH (panthermedia.net), München (keeweeboy); 14 (Anna): OKAPIA KG - Michael Grzimek & Co., Frankfurt/M. (imagebroker/M. Weber); 14 (Hosnia): Shutterstock.com, New York; 14 (Isra): fotolia.com, New York (Wong Sze Fei); 14 (Jala): alamy images, Abingdon/Oxfordshire; 14 (Juan): Picture-Alliance GmbH, Frankfurt/M. (PhotoAlto/O. Dimier); 14 (Monica): iStockphoto.com, Calgary (Jennifer Photography Imaging); 14 (Quillen): alamy images, Abingdon/Oxfordshire (image100/); 14 (Vasili): Getty Images, München

(© Randy Faris); 15: Wefringhaus, Klaus, Braunschweig; 16 (Das Ding, SWR3): Südwestrundfunk (SWR), Stuttgart; 16 (Radio geht ins Ohr): RADIOZENTRALE GmbH, Berlin; 16 (unten): Dägling, Andreas, Wardenburg; 16 oben: fotolia.com, New York (Oleksiy Mark); 17: Wefringhaus, Klaus, Braunschweig; 18 (1): Schwichow, Ekko von , Berlin; 18 (2): Picture-Alliance GmbH, Frankfurt/M.; 18 (3): Picture-Alliance GmbH, Frankfurt/M. (KEYSTONE); 18 (4): Picture-Alliance GmbH, Frankfurt/M. (ZB); 18 (5): laif, Köln; 18 (6): Süddeutsche Zeitung - Photo, München; 18 (7): akg-images GmbH, Berlin; 18 (8): wikimedia commons (Marwan El Rassi/Creative Commons Attribution-Share Alike 3.0 Unported license); 21 links: Scheer Fotografie, Schiffdorf; 21 rechts: FRoSTA Tiefkühlkost GmbH, Hamburg; 22: WAZ FotoPool, Essen; 23 oben: Stadt Köln, Köln (Richard Riemerschmid Berufskolleg/Gunnar Ronge); 23 unten: Picture-Alliance GmbH, Frankfurt/M. (Arco Images); 25 Mitte: OKAPIA KG - Michael Grzimek & Co., Frankfurt/M. (Büttner / Naturbild); 25 unten: fotolia.com, New York (felinda); 28 Mitte: Wefringhaus, Klaus, Braunschweig; 28 oben links: Wefringhaus, Klaus, Braunschweig; 28 unten links: Wefringhaus, Klaus, Braunschweig; 28 unten rechts: Wefringhaus, Klaus, Braunschweig; 29: Wefringhaus, Klaus, Braunschweig; 31: Wefringhaus, Klaus, Braunschweig; 34 oben: akg-images GmbH, Berlin; 34 unten: akg-images GmbH, Berlin; 38: Wefringhaus, Klaus, Braunschweig; 38 (7): Wefringhaus, Klaus, Braunschweig; 43: Falk Verlag, Ostfildern; 46 Mitte: Picture-Alliance GmbH, Frankfurt/M. (Markku Ulander/Lehtikuva/Hehkuva); 46 links: INTERFOTO, München (imageBROKER/Rolf Schulten); 46 rechts: yavala design Ltd., Savusavu (Susan Wiek); 48: alamy images, Abingdon/Oxfordshire (Angela Hampton); 50: Google Maps; 51: Google Maps; 54: fotolia.com, New York (marcussielaff); 55 Mitte: BMW Group / Press Club USA; 55 oben: Picture-Alliance GmbH, Frankfurt/M. (ZB/P. Förster); 55 unten: fotolia.com, New York (industrieblick); 56: Kulturbureau, Hanau (Alexander Grüber); 57 für das Tourplakat: Kulturbureau, Hanau (Alexander Grüber); 65 (Tag 1): fotolia.com, New York (Frank Wagner); 65 (Tag 2): Visum Foto GmbH, Hannover (C. Keller); 65 (Tag 3): Picture-Alliance GmbH, Frankfurt/M. (dpa/Schilling); 65 (Tag 4): fotolia.com, New York (Thorsten Schier); 65 (Tag 5): Picture-Alliance GmbH,

Textquellen:
67: Maar, Paul: Briefwechsel; 98: Herrndorf, Wolfgang (2016): Tschick, Rohwolt Taschenbuch Verlag, Textauszug: S. 61; 118: Thomsen, Kai-Michael: Michael im Tschad. (Auszug) https://blogs.nabu.de/stoerche-auf-reisen/michael-im-tschad-2/, Zugriff: 30.05.2017; 142: Jandl, Ernst (1970): Fünfter sein. In: Der künstliche Baum.; Audio-CD: Track 34: Maar, Paul: Briefwechsel; Track 44: Herrndof Wolfgang (Autor), Lindemann, Andreas (Übersetzer): Tschick: In einfacher Sprache, Textauszug: S. 14; Track 71 und Track 74: Jandl, Ernst (1970): Fünfter sein. In: Der künstliche Baum